Kosmos
Feldführer

Kosmos-Feldführer

Kosmos-Feldführer sind neue Bestimmungsbücher, die Tiere und Pflanzen nicht nur als isolierte Objekte abbilden und beschreiben, sondern ihre Umweltbeziehung berücksichtigen. Sie sind daher nach Lebensräumen gegliedert.

Es sind bisher erschienen:
Die Vögel der Meeresküste
Vögel in Wald, Park und Garten
Vögel der Fluren und am Wasser
Die Fische der Nordsee
Praktische Pilzkunde Band 1
Praktische Pilzkunde Band 2
Bäume und Sträucher im Mittelmeerraum
Früchte und Gemüse aus Tropen und Mittelmeerraum

Demnächst erscheinen:
Vögel (Bergland)
Vögel (Alpen und Mittelmeer)
Giftpflanzen
Steine und Mineralien

Sven Nilsson / Bo Mossberg

Orchideen
Mittel- und
Nordeuropas

Kosmos
Gesellschaft der Naturfreunde
Franckh'sche Verlagshandlung
Stuttgart

Text von Sven Nilsson
Aus dem Schwedischen übersetzt von Jürgen Koch

Titel der Originalausgabe „Nordens orkidéer" erschienen bei Wahlström & Widstrand,
Stockholm 1977, unter ISBN 91-46-12699-6
© 1977, Wahlström & Widstrand/Bo Mossberg/Sven Nilsson
Alle Rechte vorbehalten
Mit 232 Farbzeichnungen von Bo Mossberg

Umschlag von Edgar Dambacher unter Verwendung einer Aufnahme von
Heinz Schrempp
Das Bild zeigt eine Bienen-Ragwurz (*Ophrys apiflora*)

CIP-Kurzitelaufnahme der Deutschen Bibliothek

Nilsson, Sven
Orchideen Mittel- und Nordeuropas / Sven Nilsson ;
Bo Mossberg. – 1. Aufl. – Stuttgart : Franckh,
1978.
  (Kosmos-Feldführer)
  Einheitssacht.: Nordens orkidéer
  ISBN 3-440-04662-1
NE: Mossberg, Bo:

Orchideen Mittel- und Nordeuropas

Einleitung

Eine Orchidee zu sehen, sie zu verschenken oder geschenkt zu bekommen ist immer etwas Besonderes. Eine Orchidee ist ein eigentümliches, ungewöhnliches Gewächs, hochspezialisiert in Form, Farbe und Lebensweise. Die Orchideen bilden mit mindestens 20 000 Arten vermutlich die artenreichste Familie des Pflanzenreichs. Fast jede zehnte Blütenpflanze auf Erden ist eine Orchidee. Es gibt eine ungeheure Vielfalt, von den prachtvollen, farbschillernden tropischen Repräsentanten bis zu den eher anspruchslosen, auf den ersten Blick kaum aufsehenerregenden einheimischen Arten. Nicht nur Linné, Darwin und andere Naturforscher widmeten ihnen besondere Aufmerksamkeit – gerade heute ist das Interesse an Orchideen größer und intensiver als irgendwann zuvor. Die komplexen und ungewöhnlichen Bestäubungsvorgänge sowie das lebenswichtige Zusammenleben mit Pilzen können heute genauer und detaillierter erforscht werden als früher. Außerdem sind die Methoden zur Aufzucht prachtvoller tropischer Orchideen weiterentwickelt worden. Durch Kreuzung wurden Neuzüchtungen erzielt und ein enormer Artenreichtum mit vielfältigen Formen und Farben hervorgebracht.
Wenn auch das Aussehen der Orchideenblüten sehr unterschiedlich sein kann, so ist es doch immer nur die Variation einer im Grunde einheitlichen Bauweise. Dabei hat vor allem die Anpassung an bestäubende Insekten anscheinend unerschöpfliche Variationen desselben Themas bewirkt.
Trotz des Artenreichtums der Familie sind viele Orchideen recht selten. Ihre Seltenheit trägt wiederum zu ihrer Popularität bei. Sie stellen oft spezielle Anforderungen an ihre natürliche Umgebung und sind deshalb häufig empfindlich gegenüber Veränderungen; daher sind heute viele Arten von der Ausrottung bedroht.
Die einheimischen Orchideen machen einen verschwindend geringen Teil der gesamten Orchideenzahl aus. Und doch gibt es auch hier viele Unterschiede in Aussehen, Wachstumsart, Bestäubungsvorgang und Forderungen an die natürliche Umgebung. Der Interessierte hat an unseren Orchideen ein unerschöpfliches Studienobjekt. Sie an ihrem angestammten Platz zu beobachten kann mühsam sein, aber es lohnt sich. Wir dürfen allerdings unsere

Kenntnisse über Orchideen nicht dadurch erweitern, daß wir durch Abpflükken oder Ausgraben zur Verarmung unserer Flora beitragen. In der Bundesrepublik stehen alle Orchideen unter strengem Naturschutz.

Die Familie der *Orchidaceae* gehört zu den einkeimblättrigen Gewächsen, ist hoch spezialisiert und dürfte eine der letzten Entwicklungen in der Geschichte der Blütenpflanzen sein. Ihren Namen bekam die Familie nach den zwei runden, unterirdischen Knollen bestimmter bodenbewohnender Arten. Das griechische Wort „orchis" bedeutet nämlich Hoden. Unsere Orchideennamen zeigen eine tiefe Verankerung in Volksglauben, Volksmedizin, Magie und Religion; daher sind die alten volkstümlichen Namen meist interessanter und aussagekräftiger als die von der lateinischen Bezeichnung abgeleiteten.

Bauweise der Orchideen

Die Orchideen leben teils auf dem Boden, teils wachsen sie auf Bäumen oder andere Pflanzen (epiphytisch). Ein Teil wächst auch auf moos- und flechtenbedeckten Steinen und ähnelt in Lebensweise und Aussehen den epiphytischen Formen. Die epiphytischen Orchideen sind in subtropischer und tropischer Umgebung heimisch.

Die Orchideen variieren in der Größe: Es gibt Zwergpflanzen mit nur ein paar Millimetern Größe und mehrere Meter hohe Riesengewächse. Bestimmte epiphytische Orchideen können Kolonien bilden, die Hunderte von Kilo schwer sind. Die baumbewachsenden Orchideen haben Luftwurzeln, die oft dick, lang, ohne Verzweigung und manchmal grün sind. Mit den Wurzeln hält sich die Orchidee am Untergrund fest und nimmt Nahrung und Feuchtigkeit aus der Luft auf. Ein Teil des Sprosses ist oft verdickt und speichert Nahrung oder Wasser. Diese oft zwiebelähnlichen Stöcke werden Knollen oder Scheinzwiebeln genannt. Die Knollen vertragen harte Beanspruchung; sie können anscheinend bei langanhaltender Trockenheit völlig eintrocknen und bei günstigem, feuchtem Wetter wieder anschwellen. Die meisten epiphytischen Orchideen haben kräftige Stengel und Blätter. Die Blüten sind oft auffallend in Form und Farbe.

Die einheimischen Arten sind sämtlich bodenbewohnend. Diese Orchideen haben eine ziemlich einheitliche Bauweise, zumindest was die unterirdischen Teile anbelangt. Die Blüten sitzen zu einem Blütenstand vereinigt an der Spitze eines beblätterten Stengels. Die Blätter sind grüne Laubblätter sowie kleine, unscheinbare Zwischenblätter und bunte oder grüne Hochblätter (Tragblätter) an den Blüten. Die einzeln, ähren- oder traubenförmig angeordneten Blüten sind – verglichen mit den tropischen Arten – ziemlich klein.

Die meisten Orchideen überwintern mehrere Jahre. Die blütentragenden Sprosse der epiphytischen wie der Bodenorchideen schließen jedes Jahr das Wachstum ab und setzen es im nächsten Jahr mit einem neuen Trieb aus dem gemeinsamen Stamm fort. Bei vielen Bodenorchideen geht der Trieb aus einem wurzeltragenden Stengelabschnitt hervor, einem Rhizom, das Nahrung speichert und überwintert. Andere Gruppen, wie z. B. die *Orchis*- und *Dactylorhiza*-Arten, haben überwinternde, nahrungsspeichernde Wurzelknollen. Bei ihnen findet man zwei runde oder gelappte, geschwollene

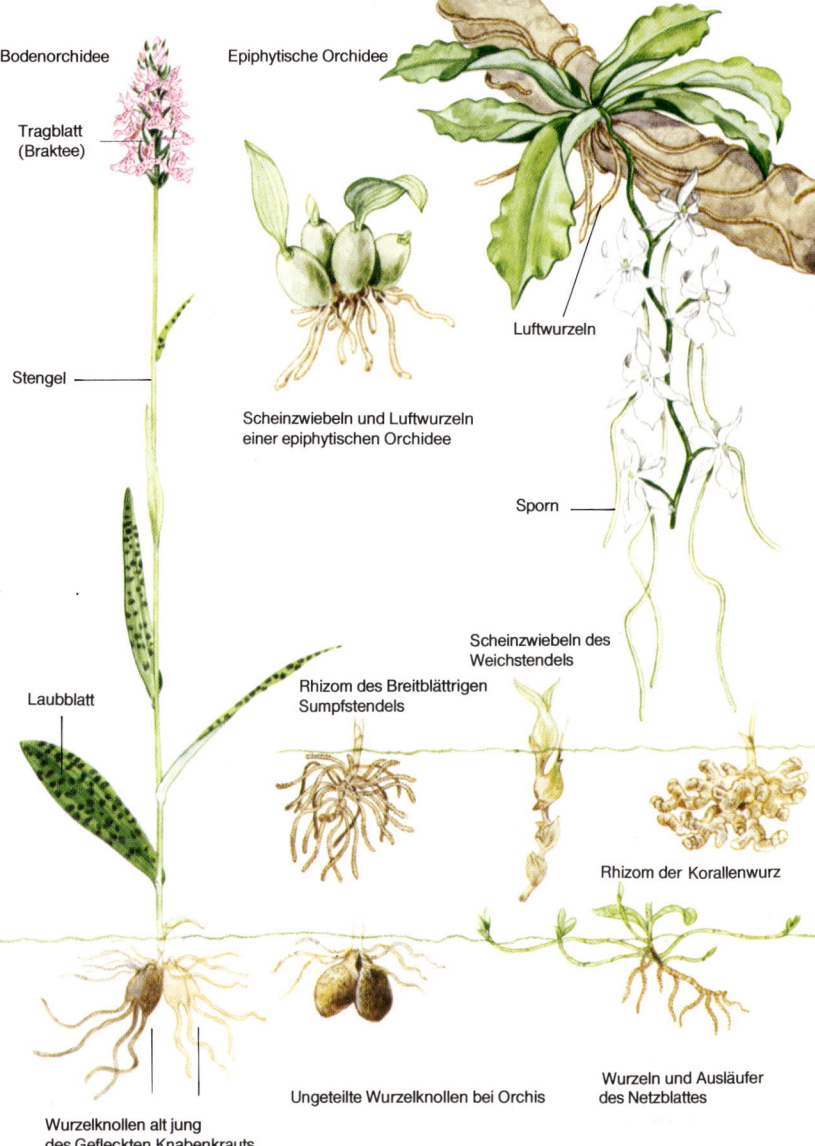

Bodenorchidee

Epiphytische Orchidee

Tragblatt
(Braktee)

Stengel

Luftwurzeln

Scheinzwiebeln und Luftwurzeln
einer epiphytischen Orchidee

Sporn

Scheinzwiebeln des
Weichstendels

Rhizom des Breitblättrigen
Sumpfstendels

Laubblatt

Rhizom der Korallenwurz

Wurzeln und Ausläufer
des Netzblattes

Ungeteilte Wurzelknollen bei Orchis

Wurzelknollen alt jung
des Gefleckten Knabenkrauts

Knollen, wie sie auch bei Dahlien vorkommen. Die vorjährige Knolle ist oft
geschrumpft und dunkel, die diesjährige hellfarbig und gefüllt mit Nahrung.
Bei Glanzkraut und Weichstendel ist der Sproß direkt über oder unter der
Bodenoberfläche angeschwollen und bildet eine weitere Form von Scheinzwiebeln. Bestimmte Arten haben keine nahrungsspeichernden Organe, sondern ein normales Wurzelsystem. Sie überleben längere Zeit mit Hilfe von
Pilzen (vgl. S. 16).

Die saprophytischen Orchideen, die meist nur von toter organischer Substanz leben, haben oft ein reich verzweigtes Wurzelwerk, z. B. Nestwurz und Korallenwurz.

Eine andere Orchideenart, z. B. das Netzblatt, bildet Ausläufer von der Grundachse aus. Diese Ausläufer tragen neue Triebe und können so die Pflanze vegetativ (ungeschlechtlich) vermehren und verbreiten.

Die Orchideenblüte

Die Orchideenblüten der primitiven Arten erinnern an Lilien mit unregelmäßiger Bauweise. Liliengewächse und Orchideen sind entfernt miteinander verwandt und nach demselben Grundprinzip gebaut. Dies betrifft vor allem die Blüte, auch wenn sie sich bei den Orchideen teilweise stark verändert hat. Lilien und Orchideen haben anstelle der Kelch- und Blütenblätter eine dreizählige Blütenhülle (Perigon), die aus drei äußeren und drei inneren Blütenhüllblättern besteht. Bei den Lilien sind diese Perigonblätter fast gleich. Bei den Orchideen variieren sie in Form und Farbe. Eines der inneren Blätter ist zu einer Lippe umgewandelt, die oft einen Nektarbehälter, den Sporn, trägt. Dieser ist manchmal unbedeutend, kann jedoch bei bestimmten tropischen Arten sehr lang sein. Die Lippe kann in einen inneren Teil, hypochil, und einen äußeren Teil, epichil, geteilt sein. Während der Blütenentwicklung ist die Blüte durch eine Verwindung des Fruchtknotens um die Längsachse um 180° gedreht worden. Die Lippe ist also ursprünglich nach oben gerichtet. Bei einem Teil der Orchideen ist das tatsächlich so: die Knospe hat sich entweder gar nicht oder um 360° gedreht.

Die Lilie hat sechs (3 + 3) Staubblätter, bestehend aus einem Staubfaden und dem Staubbeutel, der Pollen enthält. Bei den meisten Orchideen findet sich nur ein Staubblatt, bei einigen Arten auch zwei. Das Staubblatt ist teilweise mit weiblichen Organen der Blüte (Griffel, Narbe) zu einer Säule, dem Gynostemium, zusammengewachsen. Manchmal finden sich auch sterile Reste von Staubgefäßen (Staminodien). Das weibliche Organ der Blüte besteht aus dem Stempel, der in Narbe (die den Pollen aufnimmt), Griffel und Fruchtknoten gegliedert ist. Der Stempel ist bei Lilien und Orchideen ursprünglich dreifächrig (trimer). Man kann dies an der dreigeteilten Narbe der Lilien sehen. Bei den Orchideen sind nur zwei Narben tätig, Griffel und Narbe sind mit dem Staubfaden (s. o.) verwachsen. Die dritte Narbe ist verändert und bildet einen besonderen Teil des Gynostemiums, das sog. Rostellum, mit besonderer Funktion. Es verhindert, daß der Pollen des eigenen Staubgefäßes auf die Narbe gelangt, und hat große Bedeutung bei der Bestäubung (S. 14). Bei Orchideen sind – mit bestimmten Ausnahmen, z. B. Frauenschuh – die Pollenkörner zu einer keulenförmigen Masse, der Pollenkeule oder dem Pollinium, vereint. Die Zahl der Pollinien schwankt zwischen zwei und acht in jeder Blüte. Sie sitzen eingeschlossen in einem Fach des Staubbeutels. Sehr

Abb. S. 9 unten rechts:
Pollenstruktur bei starker Vergrößerung im Rasterelektronenmikroskop (ca. 2000fach)
links: E. palustris;
rechts: E. purpurata
nach einer Fotografie von B. Löjtnant

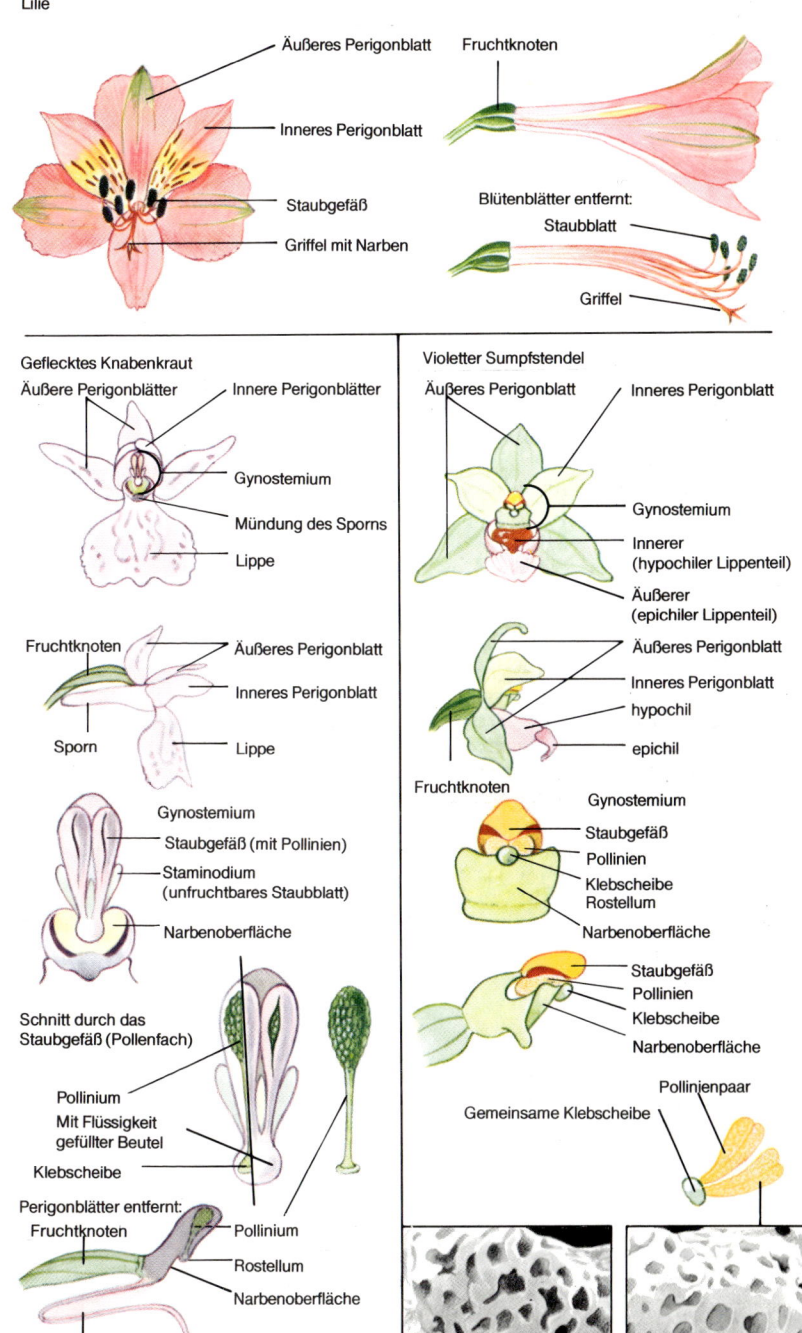

Lilie

Äußeres Perigonblatt
Fruchtknoten
Inneres Perigonblatt
Staubgefäß
Griffel mit Narben

Blütenblätter entfernt:
Staubblatt
Griffel

Geflecktes Knabenkraut

Äußere Perigonblätter
Innere Perigonblätter
Gynostemium
Mündung des Sporns
Lippe

Fruchtknoten
Äußeres Perigonblatt
Inneres Perigonblatt
Sporn
Lippe

Gynostemium
Staubgefäß (mit Pollinien)
Staminodium (unfruchtbares Staubblatt)
Narbenoberfläche

Schnitt durch das Staubgefäß (Pollenfach)

Pollinium
Mit Flüssigkeit gefüllter Beutel
Klebscheibe

Perigonblätter entfernt:
Fruchtknoten
Pollinium
Rostellum
Narbenoberfläche
Sporn

Violetter Sumpfstendel

Äußeres Perigonblatt
Inneres Perigonblatt
Gynostemium
Innerer (hypochiler Lippenteil)
Äußerer (epichiler Lippenteil)

Äußeres Perigonblatt
Inneres Perigonblatt
hypochil
epichil
Fruchtknoten

Gynostemium
Staubgefäß
Pollinien
Klebscheibe
Rostellum
Narbenoberfläche

Staubgefäß
Pollinien
Klebscheibe
Narbenoberfläche

Pollinienpaar
Gemeinsame Klebscheibe

oft sind die Pollinien mit einem Schaft und einer haftenden Klebescheibe (Viscidium) versehen, manchmal zwei Pollinien gemeinsam. Die Klebescheiben können in einem mit Flüssigkeit gefüllten Beutel eingeschlossen sein.

Die Pollenkörner sind sehr widerstandsfähig. Ihre Oberfläche ist häufig interessant gemustert. Die Oberflächenstruktur des Pollens, die im Elektronenmikroskop leicht wahrgenommen werden kann, ist ein Charakteristikum, das für die systematische Abgrenzung zwischen und innerhalb verschiedener Pflanzengruppen von großer Bedeutung sein kann.

Aussehen, Standort und Funktion männlicher und weiblicher Organe unterscheiden sie je nach den verschiedenen Arten der Bestäubung.

Tropische Orchideen

Die meisten Orchideen sind Epiphyten und in den tropischen und subtropischen Gegenden der Erde zu Hause. Dort gibt es eine überwältigende Fülle von Arten, die sich durch unterschiedliche Formen, Farben und Ansprüche an die Umgebung auszeichnen. Das Milieu, in dem diese Orchideen gedeihen, ist nicht so, wie man es sich oft fälschlicherweise vorstellt: dunkel, drückend schwül und feucht. Das Milieu sind vor allem Baumkronen, in denen die Pflanzen von Wind, frischer Luft und Licht umgeben sind.

Heute gehört ein Teil der erlesenen und farbenprächtigen Typen zum Sortiment des Blumenhandels, und eine ganze Reihe von Arten hat ihren Weg zum Amateurzüchter gefunden. Auf der ganzen Welt gibt es Vereine und Gesellschaften für Orchideensammler und -züchter, die sich in vielen Fällen große Verdienste bei der Nachzucht von Arten erworben haben, die vom Aussterben bedroht sind. Die Orchideenzucht erfordert viel Geduld. Häufig müssen für eine erfolgreiche Züchtung spezielle Voraussetzungen geschaffen werden, die nur in besonderen Gewächshäusern zu erreichen sind. Aufzucht aus Samen und ungeschlechtliche Vermehrung (s. S. 16) sind meist schwierig und stellen hohe Anforderungen an Geduld und Geschick des Züchters. Nur einige wenige Orchideenarten können wie gewöhnliche Zimmerpflanzen behandelt werden.

Es wird berichtet, daß 1731 zum ersten Mal eine in Europa gezüchtete tropische Orchidee zur Blüte kam. Am Ende des 17. und Anfang des 18. Jahrhunderts wurde eine große Anzahl fremdländischer Pflanzen nach Europa gebracht. Linnés Schüler und andere Reisende bereicherten unsere Flora mit exotischen Gewächsen. Viele von ihnen gehören heute zum normalen Gartenbestand. Andere halten wir als Topfpflanzen oder Schnittblumen. Im 18. Jahrhundert grassierte zeitweise so etwas wie ein Orchideenfieber. Traumhafte Summen wurden für seltene Arten bezahlt. Auch heute noch gibt es kostbare Pflanzen, aber sie sind für jedermann erschwinglich.

In der Wohnung werden vor allem epiphytische Arten gezüchtet. In Gärten sieht man manchmal Bodenorchideen. Mit wenigen Ausnahmen sind diese schwer zu züchten und trotz ihrer Färbung nicht so ins Auge fallend wie andere Gartengewächse. Am häufigsten kommen der Frauenschuh und seine Verwandten vor. Die bekanntesten Zimmerorchideen sind Arten des Venusschuhs, der zur Familie *Paphiopedilum* gehört und mit dem Frauenschuh verwandt ist. Es gibt eine große Anzahl Hybriden mit verschiedenen anderen Arten. Neue Formen und Farben werden ständig herausgekreuzt. *Cattleya,*

Dendrobium

Paphiopedilum

Phalaenopsis

Cattleya

die vielleicht mehr als andere Arten die Orchideen oder zumindest die Orchideenpracht symbolisiert, ist in Mittel- und Südamerika zu Hause. Gerade jetzt wird eine große Zahl von Arten und Formen und eine Unzahl Hybriden in allen Regenbogenfarben gezüchtet. *Phalaenopsis* ist eine andere, ebenfalls sehr bekannte Gattung. Besonders die weißen Exemplare, die erlesene Formen einiger weniger Arten sind, haben sehr elegante Blüten. Seit kurzem ist auch *Dendrobium* sehr beliebt. In Blumengeschäften findet man die violette *Dendrobium phalaenopsis*. Sie stammt ursprünglich aus Australien und wird meist aus Singapore und Thailand importiert. Viele dieser tropischen Kostbarkeiten sind heute als Schnittblumen im Handel. Als Topfpflanzen werden, wie oben erwähnt, hauptsächlich *Paphiopedilum*-Varietäten angeboten.

Bestäubungsmechanismen

Bei einer Selbstbestäubung gelangt der eigene Pollen zur Narbe der eigenen Blüte; bei einer Kreuzungsbestäubung wird der Pollen der einen Blüte zu einer anderen gebracht. Die Kreuzungsbestäubung endet in der Kreuzungsbefruchtung, die die Möglichkeit zur Umverteilung genetischen Materials gibt und damit Inzucht und Degeneration entgegenwirkt.

Im Laufe der stammesgeschichtlichen Entwicklung entstand ein mehr oder weniger kompliziertes Zusammenspiel zwischen verschiedenen Organismen. Ein solches Zusammenspiel kam z. B. zwischen Tieren, vor allem Insekten, und Pflanzen zustande, wobei sich bezüglich der Bestäubung teilweise recht komplizierte Mechanismen entwickelten.

Im Bestäubungsvorgang der Orchideen finden wir viele Beispiele einer langdauernden Anpassung an die Pollentransporteure, die meistens zu den Insekten gehören. Man kann hier von einer Co-Evolution sprechen, wobei sich das Verhaltensmuster des Insekts einerseits, Aussehen und Funktion der Blüte andererseits in Abhängigkeit voneinander entwickelt und ständig einander angepaßt haben. Werden noch weitere Organismen in das Zusammenleben miteinbezogen, erhalten wir ein kompliziertes ökologisches Zusammenspiel, ein oft schwer erklärbares, dicht verwobenes Lebensmuster. In vielen Fällen wissen wir nur, wie einzelne Fäden in diesem Gewebe verlaufen. Insekten besuchen Blüten z. B. aus verschiedenen Anlässen. Gewöhnlich suchen sie Nahrung: Pollen und vor allem Nektar. Es gibt aber auch andere Anlässe zum Besuch: Eiablage oder Paarung. Farben, Formen und Duft der Blüten ziehen die Insekten an. Die Orchideenblüte hat z. B. durch ihre Drehung und Ausbildung einer Lippe einen wirksamen Landeplatz für Insekten ausgebildet. Der Besuch eines Insekts bringt jedoch nicht notwendigerweise eine Bestäubung der Blüte mit sich. Vielfach funktioniert der Bestäubungsvorgang nur mit einer bestimmten Insektenart. Die als eher primitiv angesehenen Orchideen haben mehr oder weniger lose Pollenmassen, die durch klebrige Fäden zusammengehalten werden. Die als höher entwickelt eingestuften haben den Pollen in festen Massen, den Pollinien, vereint, die manchmal durch eine starke, wachsartige Hülle geschützt sind. Die Pollinien besitzen oft einen Schaft, der auf unterschiedliche Weise gebildet sein kann und dem Insekt mit Hilfe einer klebrigen Flüssigkeit oder mit Hilfe besonderer Klebescheiben anhaftet. Auch bei Orchideen mit weniger spezialisierten männlichen und weiblichen Organen kommen gut angepaßte Bestäubungsmecha-

Eine Erdbiene (Andrena haemorrhoa)
besucht einen Frauenschuh

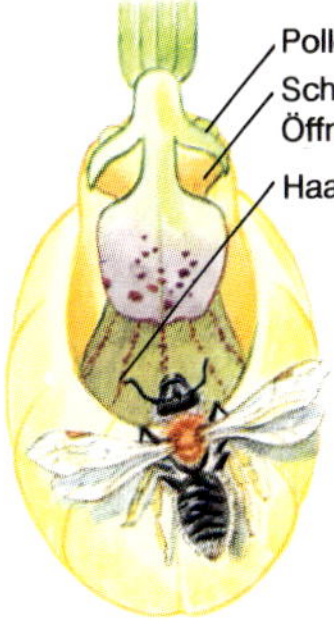

Gynostemium

Pollen

Durchscheinende Teile (Fenster)

Pollen
Schmale
Öffnung
Haarreihe

Das Insekt fällt in die Lippe . . .

. . . und muß sich an der Narbe und
dem Staubgefäß vorbeizwängen,
um wieder herauszufinden.

Gynostemium freigelegt:
Links: von der Seite
Rechts: von unten gesehen

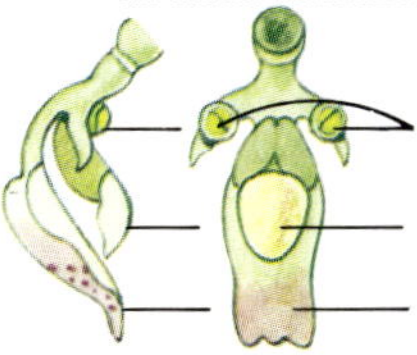

Pollen

Narbe

Staminodium

Eine Biene (Apis mellifera) besucht
eine Blüte des Echten Sumpfstendels.

Eine kleine Spinne (Misumena vatia) mit
Pollinien an Bein und Hinterleib.

Hautflügler mit Pollinien

Die Pollinien kleben
am Kopf der Biene fest . . .

. . . beim Besuch der nächsten Blüte
kommen sie so in Kontakt mit der Narbe.

Gynostemium
Pollinien
Narbe

Biene mit am Kopf festgeklebten Pollinien.

Eine Waldwespe besucht eine Blüte des
Violetten Sumpfstendels.

Schlupfwespe
mit Pollinien

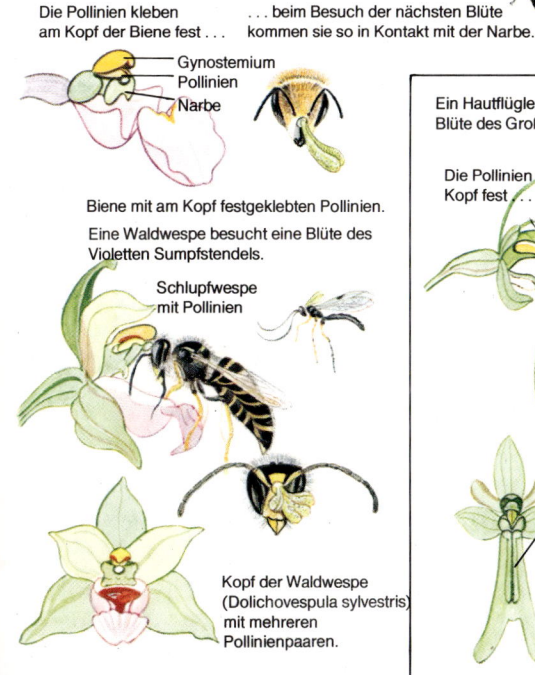

Kopf der Waldwespe
(Dolichovespula sylvestris)
mit mehreren
Pollinienpaaren.

Ein Hautflügler besucht eine
Blüte des Großen Zweiblatts.

Die Pollinien kleben am
Kopf fest . . .

. . beim Besuch der
nächsten Blüte gelangt
der Pollen auf die Narbe.

Lippe mit Nektar
Ein Weichkäfer (Cantharis
rufipes) versucht Polli-
nien loszuwerden.

nismen vor. Beim Frauenschuh z. B. rutscht das besuchende Insekt in die große Lippe hinunter. Geleitet von den durchscheinenden Teilen in der Lippe folgt das Insekt einer Reihe von Haaren, die es durch enge Gänge wieder hinausführen. Dabei drückt das Insekt gegen die Staubgefäße und erhält so den Pollen. Besucht es dann eine neue Blüte, haftet der Pollen als erstes an deren Narbe an; der neue Pollen gelangt sodann auf das Insekt usw. (vgl. S. 24). Vielfach ist eine Orchideenblüte an eine bestimmte Insektengruppe oder auch an eine einzige Insektenart angepaßt. In anderen Fällen macht die Bauweise der Blüte den Besuch und die Bestäubung durch viele verschiedene Insektenarten möglich. Letzteres ist z. B. bei der Blüte des Zweiblatts mit offen dargebotenem Nektar der Fall. Eine Klebemasse wird hier explosionsartig freigesetzt und befestigt die Pollinien. Bei älteren Blüten wird, wenn sie den Pollen abgegeben haben, das Rostellum nach oben gebogen und die Narbe leicht zugänglich. Einen ähnlichen Vorgang beobachtet man bei der Gattung *Epipactis*. Deren Blüten werden hauptsächlich von Hautflüglern besucht und bestäubt. Dabei bricht das Rostellum auf, eine klebrige Masse wird freigesetzt und befestigt die Pollinien am besuchenden Insekt.

Höher eingestufte Orchideen, z. B. aus den Familien *Orchis* und *Dactylorhiza*, haben besser entwickelte, hochspezialisierte Bestäubungsvorgänge mit raffinierten Mechanismen. Hierbei sind die gut ausgeprägten Pollinien mit Klebescheiben versehen, die oft in einer Tasche oder einem Beutel eingeschlossen sind, der durch das Rostellum gebildet wird und mit einer klebrigen Masse gefüllt ist. Die Narben liegen in einer Höhlung unter dem Staubgefäß. Die Bestäuber gehören zu den höchstentwickelten Insektengruppen mit gut ausgeprägten und manchmal komplizierten Verhaltensmustern. Die beiden Pollinien der *Orchis*-Arten liegen je in einer Hälfte des Staubgefäßes. Der Pollen wird von Klebefäden zusammengehalten, die zu einem Schaft vereint sind. Im flüssigkeitsgefüllten Beutel trägt der Schaft eine Klebescheibe. Ein Insekt, das mit dem Saugrüssel den Sporn zu erreichen sucht, drückt den Beutel auf, und die Klebescheiben haften am Kopf des Insekts an. Die Klebemasse erstarrt schnell. Die Pollinien, die in aufgerichteter Stellung anhafteten, beugen sich dann nach vorne und kommen in die Lage, die sie beim Besuch des Insekts in einer anderen Blüte benötigen, um dort die Narbe zu treffen. Die Pollenklumpen lösen sich sodann vom Pollinium und bleiben auf der Narbe zurück. Bienen und Hummeln, die die hauptsächlichen Bestäuber dieser Arten sind, scheinen die Saugrüssel an die Länge des Sporns angepaßt zu haben. Orchideen mit langen Spornen werden von Schmetterlingen mit langen Saugrüsseln bestäubt. Bei einer tropischen Orchidee ist der Sporn 30 – 40 cm lang, und es existiert ein Schmetterling mit gleich langem Rüssel, der die Bestäubung vornimmt – ein extremer Fall von Anpassung. Die Weiße Waldhyazinthe und die Mücken-Handwurz sind schmetterlingsbestäubte Orchideen unserer Flora. Bei der Berg-Waldhyazinthe haften die weit voneinander stehenden Pollinien auf den Augen des Insekts an. Bei der Mücken-Handwurz sind die Pollinien mit einer schmalen Klebescheibe versehen. Sie kleben schlagartig am Rüssel fest (vgl. S. 78). Die Pollinien der Hundswurz haben eine gemeinsame Klebescheibe, die sich wie ein Ring um den Rüssel des Schmetterlings schließt. Am eigentümlichsten sind vielleicht die Orchideen, deren Blüte einem Insekt ähnelt und durch Form und Duftstoffe (sog. Pheromone) den Paarungsinstinkt und das Paarungsverhalten des Insekts auslöst. Diese Anpassung finden wir in der Familie *Ophrys*. Die Männchen der *Gorytes mystaceus*, einer Grabwespenart, suchen sich z. B. mit den Blüten der Fliegen-Ragwurz zu paaren. Form, Behaa-

Ein Nachtschmetterling saugt Nektar aus dem Sporn einer Blüte der Weißen Waldhyazinthe

Gynostemium mit Pollinien

Klebscheibe

Narbe

Mündung des Sporns

Sporn

Wenn der Schmetterling seinen Saugrüssel in den Sporn steckt, kommt er mit den Pollinien in Berührung.

Eine Eule (Plusia jota) mit Pollinien.

Die Pollinien bleiben auf den Augen des Schmetterlings haften.

Eine andere Eulenart (Cucullia umbratica) mit mehreren Pollinien.

Ein Schwärmer saugt Nektar aus einer Blüte der Mücken-Handwurz.

Gynostemium mit Pollinien

Narbenflächen
Mündung des Sporns

Die Pollinien haften am Saugrüssel

Nach vorne ausgerichtetes Pollinienpaar.

Links: Pergesa porcellus (ein Schwärmer) mit Pollinien am eingerollten Saugrüssel.

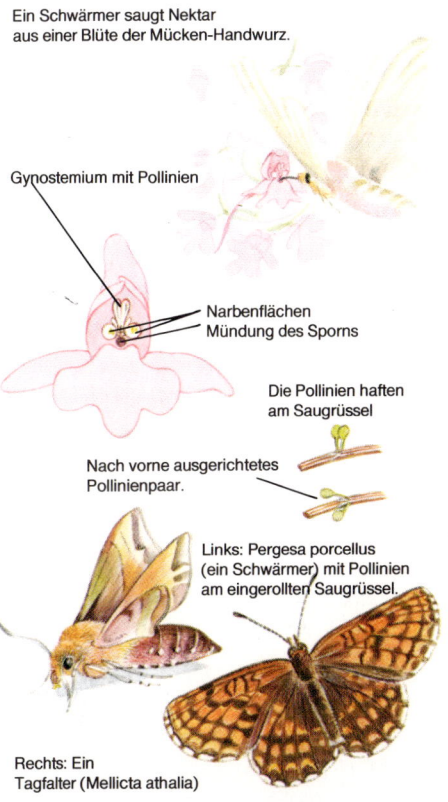

Rechts: Ein Tagfalter (Mellicta athalia)

Eine Grabwespe (Gorytes mystaceus) besucht eine Blüte der Fliegen-Ragwurz.

Grabwespe

Die Blüte löst das Paarungsverhalten aus.

Pollinien am Kopf der Grabwespe.

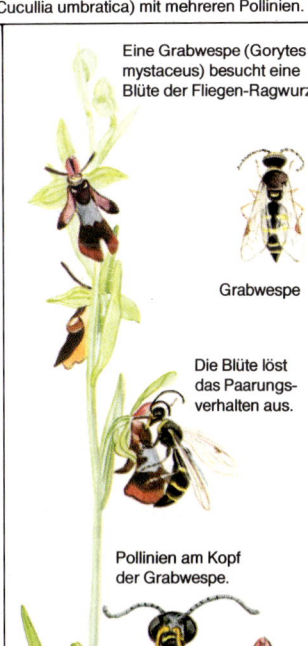

rung und Duft der Blütenlippe lösen das Paarungsverhalten des Männchens aus (vgl. S. 16 u. 130 ff.).

Die Entwicklung hat auch bei anderen Vertretern der Familie Ophrys Blüten hervorgebracht, die nicht nur optische (Farbe und Form), sondern auch chemische (Lockstoffe) Reizauslöser der weiblichen Tiere imitieren. Die von Ophrysblüten ausgehenden Schlüsselreize wirken teilweise nur auf Männchen einer einzigen Insektenart, teilweise aber auch auf ganze Gruppen von Hautflüglern. Man könnte dies als einen Grenzfall zwischen Symbiose (gegenseitiger Vorteil) und Parasitismus (einseitiger Vorteil) bezeichnen.

Vom Keim zur Pflanze, Mykorrhiza

Auf die Bestäubung erfolgt Befruchtung und Keimbildung. Vom Pollenkorn ausgehend durchwächst ein Schlauch Narbe und Griffel. In diesem wandern die männlichen Zellen zu den Samenanlagen im Fruchtknoten. Männliche und weibliche Zellen verschmelzen (eigentliche Befruchtung), und ein Embryo mit den Anlagen einer neuen Pflanze wird gebildet. Der Embryo mit seiner schützenden Hülle bildet den Samen. Die Orchideensamen sind sehr klein und meist zahlreich, manchmal viele Millionen in einer einzigen Frucht, die während der Reifung in Längsrichtung aufspringt. Die Kapseln sitzen gewöhnlich sehr lange auf der Pflanze. Manchmal kann man die trockenen Fruchtstände des vergangenen Jahres noch an der Seite der blühenden diesjährigen Pflanze sehen. Die staubfeinen Samen bestehen oft aus einem rundlichen Mittelteil, der von flügelartigen Teilen umgeben ist.

Wir haben bereits Bekanntschaft mit dem komplizierten Zusammenspiel zwischen Insekten und Orchideen gemacht. Ebenso gibt es auch einen merkwürdigen, sehr intimen Zusammenhang zwischen Pilzen und Orchideen. Damit ein Orchideenkeim unter natürlichen Bedingungen wachsen kann, ist die Nähe eines Pilzes erforderlich. Die Keime wachsen sehr langsam. Die Samen der meisten Pflanzen enthalten Reservestoffe, die den Keimling versorgen, bis Blätter hervorkommen und er selbst Nahrung produzieren kann. Dieser erste Proviant fehlt dem Orchideenkeim. Er erhält die Nahrung von einem Pilz, der dabei in ihn eindringt und im unterirdischen System der Orchidee zurückbleibt. Diese Art des Zusammenlebens zwischen Pilz und Pflanze wird Mykorrhiza, Pilzwurzel, genannt. Das Vorkommen einer Mykorrhiza ist im Pflanzenreich nicht selten – viele einheimische Bäume und Sträucher leben in Symbiose mit Pilzen (siehe auch KOSMOS-Feldführer, Praktische Pilzkunde Band 1). Die Pilze sind fest mit den Wurzeln der Pflanze assoziiert. Bei den Orchideen liegen die Pilzfäden als Knäuel in den Zellen der Wurzel oder in den Zellen anderer unterirdischer Teile als sog. Endomykorrhiza (endo = innen). Der Pilz nimmt Nahrung aus toter, organischer Substanz im Boden auf. Viele Orchideen können während verschiedener Lebensabschnitte mit Hilfe des Pilzpartners wachsen. Beim Brand-Knabenkraut (*Orchis ustulata*) bildet sich ein spezieller, von Pilzfäden durchwobener Wurzelstock aus, ein Mykorrhizom. Es wächst segmentartig im Laufe mehrerer Jahre mit einem oder vielen Segmenten pro Jahr. Allmählich kommen Wurzeln hervor, und eine blättertragende Pflanze wächst heran. Bei vielen Orchideen können zwischen Auskeimen und Blüte Jahre liegen. Ein Teil der Arten ist lebenslang von seinem Pilzpartner abhängig.

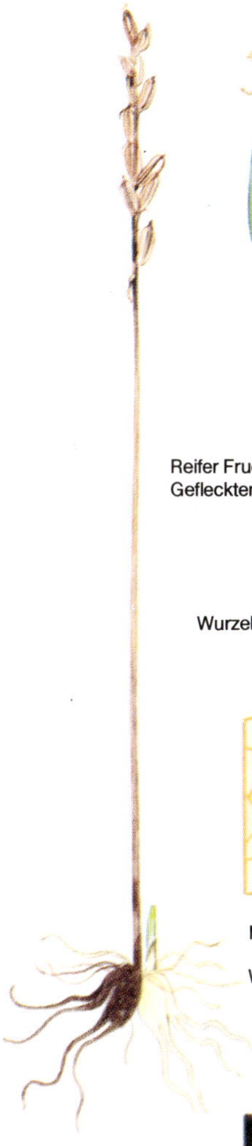

Samenkapsel

Die reife Samenkapsel öffnet sich:
die Samen werden verstreut.

Samenkapsel geöffnet

Reifer Fruchtstand des
Gefleckten Knabenkrauts.

Same, stark vergrößert.

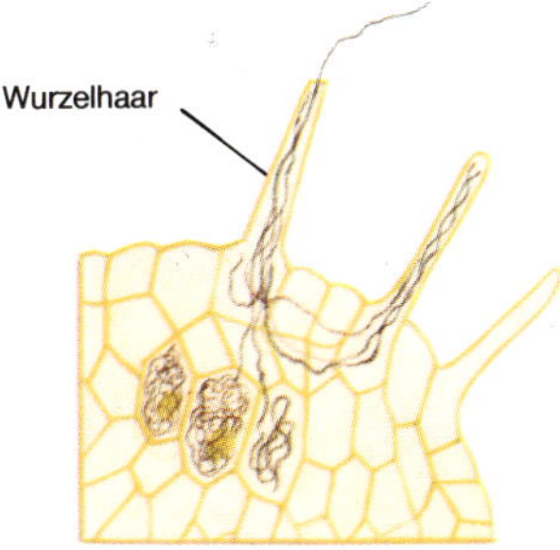

Wurzelhaar

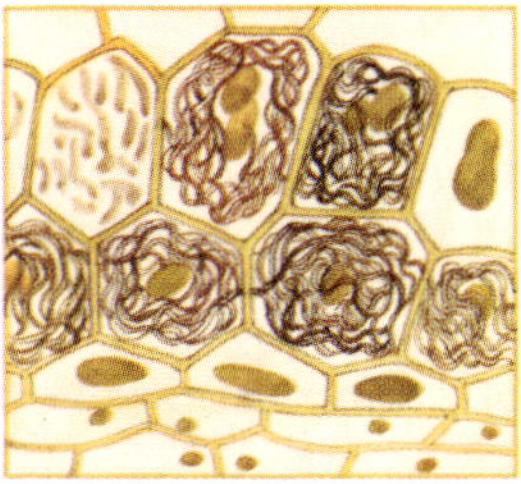

Mykorrhiza des Herz-Zweiblattes (oben links) und der Nestwurz (rechts).

Wurzelhaare und Zellen mit Pilzgeflecht.

Entwicklung des Rhizoms von Orchis ustulata.
Wenn die oberirdischen Teile auswachsen, bilden sich aus dem Rhizom die Wurzelknollen.

Links: Kallusgewebe und
Protokorme von Paphio-
pedilum
Mitte: Sproß von Gymbi-
dium. Die Triebspitze
wird abgeschnitten und
zur ungeschlechtlichen
Meristemvermehrung
verwendet.
Rechts: junge Orchidee
im Reagenzglas.

Durch diese Abhängigkeit ergibt sich die Schwierigkeit, Pflanzen aus Samen aufzuziehen. Zucht und Mengenvermehrung waren früher sehr mühsam. Inzwischen ist es gelungen, Samen ohne den Pilzpartner in sterilem Nahrungssubstrat zum Wachstum zu bringen. Auch diese Aufzuchtmethode nimmt viel Zeit in Anspruch. Eine weitere Methode zur Massenvermehrung ist die Meristemvermehrung. Hierbei wird aus den inneren Teilen an der Triebspitze Gewebe entnommen. Dieses Meristemgewebe ist teilungsfähig, d. h. es wächst auf sterilen Nährboden weiter und bildet zunächst ein undifferenziertes Zellkonglomerat, ein Kallusgewebe. Auf diesem Kallus bilden sich viele kleine Pflänzchen, sog. Protokorme, die weitergezüchtet werden können und zu vollständigen Pflanzen auswachsen.

Ökologie

Über die Ökologie der Orchideen wissen wir, verglichen mit den anatomischen und systematischen Kenntnissen, sehr wenig. Durch die umfassende kommerzielle Züchtung und die Hobbyzucht epiphytischer tropischer Orchideen wurden zwar bestimmte Milieuanforderungen und Lebensbedingungen dieser Orchideen ziemlich gut bekannt; was aber die Ökologie der meisten unserer Erdorchideen betrifft, so wissen wir ziemlich wenig.
Orchideen sind oft bezüglich ihres Milieus hochspezialisiert und sehr empfindlich gegenüber Veränderungen. Andererseits gibt es viele Arten, die anscheinend unter wechselnden Bedingungen gedeihen können. Die bodenständigen Orchideen werden als die primitivsten, ursprünglichsten betrachtet. Das Milieu in Bodennähe dürfte demnach die ursprüngliche Umgebung der Orchideen sein. Hier verbanden sie sich frühzeitig mit Pilzen. Die Beschaffenheit des Bodens, die Existenz der Pilze und die Anpassung an die Bodenverhältnisse sind deshalb in hohem Grad entscheidend für die Existenz und das Gedeihen dieser Orchideen.
Alle derzeit bekannten einheimischen Orchideen sind offenbar mehr oder weniger stark mit Pilzen verbunden und von ihnen abhängig. Ein Teil der Pilze sind spezialisierte Arten, die ausschließlich in oder in Verbindung mit Wurzeln höherer Pflanzen leben; das Vorkommen anderer scheint nicht an die Orchidee gebunden zu sein. Der Hallimasch, der auf Holz parasitiert, ist manchmal Partner der Orchideen. Es kommt vor, daß hier drei Partner verwickelt sind: die Orchidee hängt vom Pilz ab, der seinerseits an einem Baum schmarotzt.
Viele Orchideen der gemäßigten und kalten Zone gedeihen am besten auf kalkreichem Boden oder sind ausschließlich auf ihn beschränkt. In bestimmten Teilen des Verbreitungsgebietes kommen einige Arten ohne Kalk aus, in anderen gedeihen sie besser oder nur mit Kalk. Die Orchideen mit vorwiegend südlicher Verbreitung scheinen in nördlichen Gebieten auf stark kalkhaltigem Grund leichter überleben zu können. Die kalkunabhängigen Arten haben ein ausgedehnteres Verbreitungsgebiet in verschiedenen Klimazonen.
Eine große Anzahl von Orchideen scheint sich an gestörtes, d. h. von Menschen beeinflußtes Milieu angepaßt zu haben. Diese Arten dringen zwar schnell in solche Milieuverhältnisse vor, können aber unter Umständen nicht mit anderen Pflanzen konkurrieren. Bei Änderung der Lebensverhältnisse kann ihnen das Überleben schwer werden. Bestimmte Arten wiederum sind

in ihrem Auftreten wie Unkraut. Einige kommen oft an Wegesrändern oder auf frisch aufgeworfener Erde vor. Der Violette Sumpfstendel, der 1870 nach Nordamerika eingeführt wurde, breitete sich dort schnell wie Unkraut über weite Gebiete aus. Unsere Orchideenflora scheint seit früher Zeit in hohem Maße abhängig von bestimmten Kulturmaßnahmen zu sein. Geänderte Nutzanwendung, wie das Einstellen der Heumahd, das Urbarmachen von Boden, Waldpflanzungen etc. haben indessen mit sich gebracht, daß viele an Zahl abgenommen haben oder geradezu von der Ausrottung bedroht sind. Andere haben jedoch neuen Boden in Besitz genommen und sich zumindest örtlich wieder verbreitet oder an Zahl zugenommen. Einige Arten tolerieren beträchtliche Konkurrenz anderer Vegetation und gedeihen anscheinend sowohl auf dichterem Busch- und Waldboden als auch in offenem Terrain. In der Regel jedoch brauchen die meisten Orchideen ziemlich viel Licht und regelmäßige Zufuhr von Feuchtigkeit.

In dichten Nadelwäldern kommen wenige Orchideenarten vor. Das Netzblatt, das Herz-Zweiblatt, Nestwurz und Korallenwurz gehören zur Nadelholzflora. In die offenere Laubwaldflora gehören u. a. *Cephalanthera*-Arten, *Epipactis*-Arten, Geflecktes Knabenkraut, Frauenschuh und Weiße Waldhyazinthe. Eine kleine Anzahl von Arten ist auf bestimmte Milieuverhältnisse begrenzt, z. B. auf Bergheiden, Sand- und Kalkdünen am Meeresstrand.

Die Mehrzahl unserer Orchideen ist in offenerem Gelände heimisch: In Hainen mit Laubwald, Wiesen, Mooren, Stränden etc. Guterhaltene Laubwiesen, gemähte Wiesen und weniger stark abgeweidete Böden haben eine reiche Orchideenflora. Solche Gegenden gibt es leider nur noch in sehr begrenztem Umfang.

Die epiphytischen Arten der tropischen Wälder wachsen dort an Baumstämmen zusammen mit Flechten, Moos und Farnkraut. Für diese Orchideen ist die wichtigste Anforderung an das Milieu eine geeignete Wirtspflanze mit Zugang zu Licht und Feuchtigkeit als Wachstumsplatz. Wasser, das den Baum herabrinnt, Wasserdampf, Nebel oder Tau werden von den langen, dicken Wurzeln aufgenommen, die gleichzeitig die Orchideen am Baum befestigen.

Epiphyten gedeihen am besten an Bäumen, die einigermaßen frei am Waldsaum oder in offeneren Waldabschnitten stehen. Eine ähnliche Lebensweise wie die Epiphyten haben die Orchideen, die auf Klippen und Steinen wachsen. Die epiphytischen Orchideen können sich offenbar besser als die erdverbundenen Arten anpassen. Sie besiedeln oft vorübergehend abschüssige Geländeabschnitte wie Wegkanten und ähnliches neuerschlossenes Gelände. Keime wachsen leicht, und die Jungpflanzen treten oft in Mengen auf. Feuchtigkeit und Nahrung erhält die Orchidee hier gewöhnlich durch Sikkerwasser. Orchideen haben an solchen Standorten offensichtlich kaum nennenswerte Konkurrenz durch andere Pflanzen. Tatsächlich können viele epiphytische Arten auf ähnliche Weise leben wie eine rein bodenbewohnende Art. Der Unterschied in der Lebensweise ist also nicht so groß, wie man zunächst versucht ist zu glauben. Unser im Moos wachsender Weichstendel gleicht z. B. in Aussehen und Lebensweise den Verwandten, die im Moos auf Ästen tropischer Bäume leben. Wenn ein Baum eine gewisse Größe erreicht hat und Flechten und Moos sich etabliert haben, kommen die Orchideen schnell. Neu gepflanzte Bäume und solche, die z. B. durch Abholzung stärker exponiert wurden, erhalten sehr bald eine reiche Epiphytenflora. In allzu feuchter und schattiger Umgebung werden Orchideen schnell verdrängt – vor allem von Farnen und Lianen. Auf Bäumen, die ziemlich frei und exponiert im Licht stehen, werden die Milieuverhältnisse für Farne und andere Gewächse oft zu trocken.

Die Orchideen haben eine reichliche Samenproduktion und eine wirksame Samenverbreitung. Vielleicht reicht der Boden, soweit er von den Kulturmaßnahmen des Menschen verschont oder nicht ganz zerstört wurde, aus, um einen Teil unserer Orchideenflora für die Zukunft zu bewahren. Für viele tropische Orchideen ist es schlechter bestellt. Große Urwaldflächen werden kahlgeschlagen, und viele Arten wird es künftig wohl nur noch in der Zucht geben.

Der Mensch trägt aber nicht nur durch Veränderung der Umweltverhältnisse zum Aussterben der Orchideen bei. Orchideenjagd und falsch verstandene Sammelleidenschaft haben in den Tropen und in Europa zum Artenrückgang geführt. Die Verantwortung für die Zukunft unserer Orchideenflora ruht letztlich bei jedem einzelnen.

Geographische Verbreitung

Die geographische Verbreitung der Orchideen ist oft eigenartig und schwer zu erklären. Das gilt vor allem für tropische Epiphyten. Eine Orchideenfamilie kann in einem großen Umkreis vorkommen, mit Ausnahme eines kleinen, abgeschlossenen Teilgebietes, obwohl dort Klima und Milieuverhältnisse nicht anders sind. Sogar unsere einheimischen Orchideen zeigen Beispiele ähnlichen, anscheinend unerklärlichen Verbreitungsverhaltens.

Die heutige Verbreitung einer Pflanze beruht auf der gegenwärtig herrschenden Klima- und Bodenverhältnissen und der Geschichte dieser Pflanze. Innerhalb bestimmter Familien oder Artkomplexe, in denen noch keine festen Arten herauskristallisiert sind, z. B. *Epipactis* und *Dactylorhiza*, entwickeln sich neue Rassen, Formen und Arten in einem begrenzten Umkreis. Dadurch verändert sich auch das Verbreitungsmuster des gesamten Artenkomplexes. Zum gegenwärtigen Verbreitungsbild tragen außerdem die Einwanderungsgeschichte der Arten sowie Veränderungen der Umwelt eines Gebietes bei.

Man nimmt allgemein an, daß Orchideen während der Kreidezeit in Asien innerhalb des malayischen Gebietes entstanden sind. Sie sind nun über die ganze Erde verbreitet. Vor allem Erdorchideen haben eine weite Verbreitung. Stufenweise haben sie, u. a. durch effektive Samenverbreitung über weite Flächen, neue Gegenden in Besitz genommen.

In der Frage der hauptsächlichen Verbreitung der Gewächse spricht man über verschiedene Verbreitungstypen. Als alpine Arten werden z. B. Pflanzen bezeichnet, deren Hauptverbreitung in den Hochgebirgen Mittel-, Ost- und Südeuropas liegt. Die Pflanzen der Gebirge Mittel- und Nordskandinaviens gehören zum arktischen Formenkreis, zu ihrem Verbreitungsgebiet gehören auch die Tundren. Vorwiegend arktische Pflanzen können nun durchaus in hohen Lagen der Alpen angemessene Lebensbedingungen finden. Unter Umständen bieten auch Mittelgebirge geeignete Standorte. Da gerade Orchideen oft sehr spezielle Anforderungen an ihre Umgebung stellen und ihre Einwanderung bzw. Neuentwicklung nur lückenhaft verfolgt werden kann, ist es heikel, eine Systematik der gegenwärtigen Verbreitung der einzelnen Arten aufzustellen.

Die Mehrzahl unserer einheimischen Arten ist euro-asiatischen Ursprungs. Sie haben eine weitflächige Verbreitung über Europa und große Teile Asiens. Einige kommen vorwiegend in Südeuropa vor und treten in Nordeuropa nur vereinzelt auf, wie z. B. die Sommer-Wendelähre. Andere Arten haben ihr Hauptverbreitungsgebiet in Nord- und Mitteleuropa, wie z. B. Frauenschuh und Korallenwurz.

Ein rein nördliches Verbreitungsgebiet über Nordeuropa, Asien und Amerika hat z. B. das Herz-Zweiblatt, das sogar auf Grönland vorkommt.

Einige unserer Arten sind typisch westeuropäisch, z. B. *Dactylorhiza purpurella*, mit Vorposten in West-Skandinavien. Andere wie *Platanthera oligantha* und *Platanthera hyperborea* sind Hochgebirgspflanzen bzw. arktische Gewächse.

Systematik

Die Familie *Orchidaceae* ist die größte, vielfältigste und höchstentwickelte Gruppe unter den einkeimblättrigen Gewächsen. Sie wetteifert mit der Familie *Asteraceae* (Korbblütler) darum, die größte Familie der Blütenpflanzen zu sein. Die ungefähre Artenzahl wird meist mit 20 000 angegeben, schwankt aber zwischen 15 000 und 30 000. Das liegt daran, daß viele Orchideen zu einer falschen Gattung oder Art gerechnet worden sind und ihre Namen ein- oder mehrmals gewechselt haben. Es gibt immer noch eine Vielzahl synonymer und falscher Namen. Viele werden noch ständig verwendet, und oft ist es nicht einmal klar, welcher Name der richtige ist. Die große Zahl der gezüchteten Arten und Formen hat ebenso wie die vorkommenden Hybridbildungen zur Sprachverwirrung beigetragen.

Die Systematik der Orchideen ist daher eine mühselige Sache. Das liegt nicht nur am Formenreichtum, sondern auch daran, daß Orchideen leicht miteinander hybridisieren. Eine riesige Zahl von Formen und Spielarten entsteht, und die Abgrenzungen sind schwer oder überhaupt nicht zu ziehen.

Unabhängig von Schwierigkeiten bei der Namengebung treten also auch bei der biologischen Abgrenzung der Arten (der systematischen Grundeinheit) Probleme auf. Diese existieren auch bei der Zusammenfassung der Arten zu Gattungen: häufig werden Umstellungen und Neugliederungen nötig. Die wichtigste bei unseren einheimischen Orchideen war die Abtrennung der Gattung Dactylorhiza von der alten Gattung Orchis.

Die Orchideengattungen sind zu verschiedenen Unterfamilien zusammengefaßt, welche gemeinsam die Familie *Orchidaceae* der Ordnung *Orchidales* (auch *Gynandrae* bezeichnet) bilden. Auch auf Familien-Ebene sind noch Umstellungen möglich, so teilen z. B. modernere Arbeiten über die Systematik die Orchideen in zwei Familien auf. Es ist allerdings gebräuchlicher, zwei oder mehrere Unterfamilien zu unterscheiden.

Die erste Unterfamilie (Cypripedioideae), die manchmal als eigene Familie herausgehoben ist, wird als primitiver als die übrigen angesehen. Hierzu gehören der Frauenschuh und seine exotischen Verwandten, z. B. der Venusschuh. Sie haben eine pantoffelähnliche Lippe, zwei Staubgefäße und mehr oder weniger offenen Pollen. Die übrigen Orchideen haben ein Staubgefäß, der Pollen ist in Pollinien vereinigt. Nebenstehend wird eine Übersicht des Orchideensystems gegeben. Die Gattungen der im vorliegenden Buch beschriebenen Arten und einige andere bekannte Gattungen sind darin aufgeführt. Für einige der größeren Gattungen ist die ungefähre Artenzahl angegeben.

Reich: Pflanzenreich
Abteilung: Samenpflanzen *Spermatophyta*
Unterabteilung: Bedecktsamer *Angiospermae*
Klasse: Einkeimblättrige *Monocotyledonae*
Ordnung: Orchideenartige *Orchidales* (*Gynandrae*)

Familie: Orchideen *Orchidaceae*

	Unterfamilien	Gattungen (ungefähre Artenzahl in Klammern)
Diandrae (mit zwei Staubblättern)	*Cypripedioideae* (auch als Familie *Cypripediaceae*)	*Cypripedium* (50) *Paphiopedilum* (50)
Monandrae (mit einem Staubblatt)	*Neottioideae*	*Cephalanthera, Epipactis, Listera, Goodyera* (100), *Neottia, Spiranthes*
	Epidendrioideae	*Vanilla* (liefert Vanilleschoten, einziges Nutzgewächs der Familie), *Cattleya, Epipendrum* (800), *Malaxis* (250), *Liparis* (260), *Dendrobium* (1500), *Pleurothalis* (1000)
	Vanda-Gruppe	*Vanda, Cymbidium* (70), *Oncidium* (750), *Calypso, Hammarbya, Maxillaria* (300), *Odontoglossum* (300)
	Orchidioideae	*Epipogium* (wird auch zu *Neottioideae* gestellt), *Gymnadenia, Nigritella, Anacamptis, Coeloglossum, Plathanthera* (50), *Orchis* und *Dactylorhiza* (100), *Habenaria* (450), *Chamorchis, Disa* (200), *Ophrys, Herminium*

Pflanzenbeschreibungen

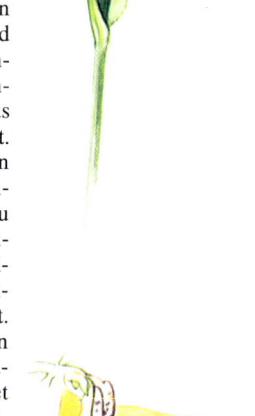

Frauenschuh, *Cypripedium calceolus* L.

Cypris: Aphrodite; *pedilon:* Schuh; *calceolus:* kleiner Schuh

Laubwälder, aber auch Kiefernmischwälder und Haine sind die typischen Plätze, an denen der Frauenschuh wächst. Er gedeiht auch in offenem Sumpfgelände, jedoch fast nur auf Kalkboden, und steht gewöhnlich in dichten Gruppen. Die Blütezeit liegt zwischen Mai und Juni und dauert bis zu 14 Tagen. Die Blüten sitzen einzeln, zu zweien oder dreien am oberen Teil des manchmal halbmeterhohen, breitblättrigen Stengels, der aus einem unterirdischen, kriechenden Rhizom hervorgeht. Die Größe und Farbe der Blüten macht sie schon von weitem leicht erkennbar. Die gelbe, aufgewölbte, pantoffelähnliche Lippe steht auch farblich in Kontrast zu den anderen schmalen, gedrehten, rotbraunen Perigonblättern. Die Blüten riechen angenehm und haben keinen Nektar. Ihre eigentümliche Bauweise wird als Anpassung an den Bestäubungsmechanismus gedeutet. Die Lippe hat eine Öffnung mit eingebogenen, glatten Rändern und trägt auf der Innenseite Reihen von Haaren, die alle zusammen auf die Basis der Lippe gerichtet sind. Zwischen den Haarreihen sind die Felder durchscheinend wie Fenster. Eine Biene, die die Blüte anfliegt, gleitet auf dem glatten Rand aus und fällt in den Kessel. Vergebens bemüht sie sich, auf demselben Weg wieder hochzukommen. Mit Hilfe der „Fenster" wird die Biene schließlich zu den beiden engen, ins Freie führenden Durchgängen geleitet, die unter den Staubgefäßen liegen. Beim Weg ins Freie wird der mitgeführte Pollen auf der Narbe abgesetzt, neuer Pollen heftet sich auf dem Rücken der Biene an. Das von seiner fünf bis zehn Minuten dauernden, energieraubenden Gefangenschaft mitgenommene Insekt taumelt rasch in eine neue Blüte hinein (vgl. S. 13). Die Blüte wird von verschiedenen Insektenarten angeflogen, unter anderem auch von pollensammelnden Erdbienen der Familie *Andrena.*

Die Familie, zu der der Frauenschuh gehört, umfaßt ca. 50 Arten, die hauptsächlich auf der nördlichen Halbkugel in kalten oder gemäßigten Zonen verbreitet sind. Unser Frauenschuh ist eine nördliche euroasiatische Art. Wegen seiner Größe und Schönheit ist der Frauenschuh in großem Ausmaß gepflückt worden, was zu seinem Rückgang an vielen Standorten geführt hat. Der Frauenschuh kommt vor allem in Süddeutschland vor. Sein Verbreitungsgebiet erstreckt sich vom Main-Tauberland bis zu den Alpen, wo er noch in Höhen bis ca. 1500 m angetroffen wird.

Lippe mit durchscheinenden Teilen (Fenster).

Rotes Waldvöglein, *Cephalanthera rubra* (L.) L. C. Rich.

kephale: Kopf, *anthera:* Ständer und *rubra:* rot

Früher wurden die Waldvöglein der Familie der Stendel- und Sumpfwurz, *Epipactis,* zugeordnet. *Cephalanthera* und *Epipactis* sind nahe verwandt und bilden eine Orchideengruppe, deren Blütenbau und Bestäubungsvorgang als ziemlich primitiv angesehen werden. Die Lippe besteht aus einem oberen und einem unteren Teil. Ein Sporn fehlt (vgl. S. 8). Bei den Waldvöglein ist der obere Teil der Lippe flach, der untere bootsförmig und gibt den Blüten ein mehr oder weniger glocken- oder röhrenähnliches Aussehen. Die Blüten sitzen in einer lockeren Ähre. Ihre Basis ruht mit dem grünen Stützblatt auf einem etwas zickzackförmigen Stengel. Dieser wächst aus einem tief im Boden kriechenden Rhizom empor. Die lanzettförmigen Blätter sitzen in meist gleichmäßigem Abstand am Stengel. Das prachtvolle, rosenrote bis rotviolette Waldvöglein blüht von Mai bis Anfang Juli. Nektar fehlt ebenso wie bei den übrigen Artverwandten. Ein Insekt, das die Blüte anfliegt (z. B. eine Biene), wird durch Berührung mit der einzigen Narbe der Blüte am Körper klebrig. Das ungeschäftete, vornübergebogene Pollinium kann deshalb auf dem Rücken des Insekts anhaften. Selbstbestäubung im Knospenstadium wurde ebenfalls beobachtet. Das Rote Waldvöglein wächst im lichten, trockenen Nadel- und Mischwald, gerne im Holzschlag, jedoch meistens auf Kalkgrund. Es ist, ebenso wie zwei andere Arten dieser Familie, selten geworden. Das plötzliche Verschwinden oder Auftauchen der Blume an einem Standort kann mit deren starker Mykorrhiza-Aktivität erklärt werden (vgl. S. 16). Wird der Standort zu dicht oder schattig – z. B. durch starkes Zuwachsen des Waldes – werden wenig oder keine Blätter gebildet, und die Pflanze ist ganz auf die Nahrungsaufnahme durch den Pilzpartner angewiesen. Die Nahrung wird im Rhizom gelagert. Das Rote Waldvöglein kann unterirdisch lange Zeit ohne überirdische Triebe wachsen. Bei geänderten, günstigeren Umständen, z. B. nach Abholzung, können aufs neue Schößlinge hervorkommen und blühen.

Das Rote Waldvöglein ist eine süd-zentraleuropäische Art, mit Verbreitung nach Osten über Vorderasien bis Persien.

In Deutschland ist sein Verbreitungsgebiet vor allem im Süden, von der Ebene und Mittelgebirgslagen bis in alpine Lagen um 1300 m Höhe.

Langblättriges Waldvöglein, *Cephalanthera longifolia* (L.) Fritsch

longifolia: langblättrig

Das hochgewachsene Langblättrige Waldvöglein ist mit seinen leuchtend weißen Blüten eine der am meisten ins Auge fallenden und dekorativsten Orchideen. Seine Heimat ist ursprünglich die Flur des Laubwaldes, jedoch ist es später auch in offenere Gemarkungen eingewandert, z. B. in verlassenes Weideland und verwachsene Wiesengründe. Es kommt in sehr unterschiedlichen Lebensräumen vor, besonders gern in Buschwäldern, aber auch in Sumpfgebieten und auf sonnigen Matten. Es benötigt offensichtlich weniger Kalk als das Rote und das Weiße Waldvöglein, ist aber mehr auf Feuchtigkeit angewiesen. Im Aussehen unterscheidet es sich von jenen durch seinen deutlich abgesetzten, dichten Blütenstand. Das Stützblatt ist ziemlich kurz und unterscheidet sich klar von den langen, schmalen Laubblättern an dem manchmal halbmeterhohen Stengel. Jeder Blütenstand kann 10 bis 20 und mehr Blüten tragen, die weiter geöffnet sind als beim Weißen Waldvöglein.

Das Langblättrige Waldvöglein blüht von Mai bis Anfang Juli. Man hat Honigbienen, Wildbienen und andere pflanzenbesuchende Hautflügler auf den Blüten beobachtet und nimmt an, daß diese Insekten die Bestäubung vornehmen. Man glaubt, daß die Methode die gleiche wie beim Roten Waldvöglein ist. Ferner wird gelegentliche Selbstbestäubung vermutet. Dadurch können Samenproduktion und Zugang zu den Pollinien schlecht und unregelmäßig werden. Gewöhnlich sieht man recht wenige Samenkapseln. Das Langblättrige Waldvöglein verwelkt schneller und streut früher Samen aus als andere Arten, was unter anderem dazu beiträgt, daß es auf Wiesen, die regelmäßig gemäht werden, besser überleben kann. Der Wurzelstock hat zweierlei Arten von Wurzeln: teils dicke, manchmal nahrungsspeichernde Wurzeln ohne Vereinigung mit einem Pilzmyzel, teils lange und dünne mit starker Mykorrhiza-Aktivität. Sprossung der Wurzeln ist möglich, ist jedoch für die Verbreitung des Langblättrigen Waldvögleins nicht so wichtig wie für das Rote Waldvöglein.

Das Langblättrige Waldvöglein hat eine weitflächigere Verbreitung als die übrigen *Cephalanthera*-Arten. Sie erstreckt sich durch Europa nach Nordafrika im Süden und Südschweden im Norden, ostwärts bis zum Himalaya und nach Westchina. In Deutschland wächst es – im Norden seltener – von der Ebene bis zu 1400 m Höhe.

Fruchtstand

Weißes Waldvöglein, *Cephalanthera damasonium*
(Mill.) Druce

damasonium: Pflanzenname bei Plinius; *damazo:* heilen
Das Weiße Waldvöglein wirkt unscheinbarer als das
stattliche Langblättrige Waldvöglein. Das liegt daran,
daß das Weiße Waldvöglein meist weniger Blüten hat,
die in geringem Kontrast zu Blatt und Stützblatt stehen
und von diesen teilweise verdeckt werden. Das Weiße
Waldvöglein kann auf trockenerem und kargerem Boden als die anderen Arten wachsen. Die vom senk-
rechten Wurzelstock ausgehenden Wurzeln sind beim
ausgewachsenen Exemplar dick und dringen tief in den
Boden ein. Sie verzichten fast ganz auf den Pilzpartner,
im Gegensatz zum feinen horizontalen Wurzelsystem
der Jungpflanzen. Das Weiße Waldvöglein hat sich in
letzter Zeit über neue Lebensräume verbreitet. Es
scheint vielerorts durch geänderte Bodennutzung und
Verbuschung begünstigt zu sein, da es auch in schattigem Milieu, in steinigem, moosigem Terrain und Wald-
und Buschgelände gedeiht. Besonders gern aber wächst
es in lichtem Laub- und Mischwald und liebt Kalk und
Wärme. Das Weiße Waldvöglein hat normalerweise
wenige Blüten, nur in Ausnahmefällen bis zu 15. Die
wenigen breiten, lanzettähnlichen, ziemlich kurzen
Laubblätter gehen allmählich in Stützblätter über. Diese werden gegen die Spitze des Blütenstandes immer
kleiner. Die cremig weißen, manchmal reinweißen Blüten sind geschlossener als die des Langblättrigen Waldvögleins. Einige haben am oberen Teil der Lippe eine
ockergelbe Kante. Das Weiße Waldvöglein blüht zum
ersten Mal im Alter von ca. 10 Jahren. Die Blütezeit ist
Ende Mai bis Anfang Juli. Man hat Hummeln und Bienen bei den Blüten beobachtet – die Bestäubung mit
Hilfe von Insekten ist jedoch selten. Meist bestäubt sich
das Weiße Waldvöglein selbst.
Es hat seine Hauptverbreitung in Süd- und Mitteleuropa und ist ostwärts bis Ostrußland, südwärts bis Nordafrika anzutreffen. Die nördlichsten Vorposten sind die
schwedischen Vorkommen auf Gotland. Wie bei vielen
Orchideen mit südlicher Hauptverbreitung scheinen die
nördlichsten Standorte küstengebunden zu sein. In
Norddeutschland ist es selten, sonst wächst es von der
Ebene bis in ca. 1100 m Höhe.

rubra   longifolia   damasonium

Rotbrauner Sumpfstendel, *Epipactis atrorubens*
(Hoffm. ex Bernh.) Schult.

Epipactis: ähnlich wie ein Liliengewächs;
atrorubens: schwarzrot

Die Arten der Familie *Epipactis,* Sumpfstendel, auch
Stendelwurz oder Sumpfwurz genannt, gehören zu den
hochwüchsigen Orchideen-Arten. Man bemerkt sie
leicht, da sie im Unterschied zu der Mehrzahl der anderen Orchideen spät blühen, nämlich von Juni bis August. Die Ähnlichkeit in Wuchs, Aussehen des Blattes
und der zweiteiligen Blütenlippe deutet die Verwandt-
schaft mit dem Waldvöglein an. Die offeneren Blüten
sitzen auf einem gedrehten Stengel mit kurzem Stützblatt in Form eines dichten, klar abgegrenzten Blütenstandes. Die Lippe ist durch eine Falte in einen inneren,
schalenförmigen Teil mit Nektar und einen äußeren,
buckligen Teil mit Fortsatz abgegrenzt. Manche Arten
duften. Die Pollinien haften bei insektenbestäubenden

Arten auf einem speziellen Teil des Rostellums (vgl.
S. 13) mit einer klebrigen Masse. Viele der ca. 25 Arten
sind schwer auseinanderzuhalten und abzugrenzen.

In Kalkgegenden, auf nackten Klippen und Sandhü-
geln kann man den kräftig wein-, purpur- oder bräun-
lich schwarzroten Sumpfstendel antreffen. Er wächst
auch auf lichtem, steinigem oder sandigem Waldboden
und auf steinigen Stränden etc., fast immer auf sonnigem, trockenem Grund. Er scheint wenig vom Pilzpartner abzuhängen. Aus dem kurzen Wurzelstock
wächst der derbe, hohe, im oberen Teil dichtbehaarte
Stengel. Die Blätter sind breit, kurz und ähnlich wie der
Stengel öfters stark violett. Die Blüten hängen einseitig
an einem langen, schmalen Blütenstand. Die Blütezeit
ist der Hochsommer. Hummeln wurden beobachtet, die
die nach Vanille duftenden Blüten besuchten. Die Pollinien, die auf eine Vorrichtung oberhalb der Narbe fallen, kleben an der Stirn des Insekts fest und werden
beim Verlassen der Blüte herausgezogen.

Epipactis atrorubens (= *atropurpurea Raf.*) wächst in
großen Gebieten Europas und ostwärts bis Sibirien und
Zentralasien bis in Höhen von 1900 m.

Breitblättriger Sumpfstendel, *Epipactis helleborine*
(L.) Cr.

In verkrauteten Laub- und Nadelwäldern, in Hainen und Dickichten findet man diese hochgewachsene, jedoch durch die grünliche Farbe gut getarnte Orchidee. Sie ist manchmal über große Gebiete verbreitet, aber man sieht selten mehr als einige Exemplare zusammen.

Der Breitblättrige Sumpfstendel zeigt starke ökologische Anpassung. Er kann in unterschiedlichsten Lebensräumen, sogar außerhalb von Kalkvorkommen, angetroffen werden. Das Aussehen ändert sich oft mit dem Milieu. Im Schatten ähnelt die Pflanze der Epipactis phyllanthes – zart und schwach grün – auf sonnigem Grund mehr dem Rotbraunen Sumpfstendel – derber und röter.

Die Wurzelknolle ist kurz und trägt dicke Wurzeln. Der Stengel ist kurzbehaart mit breiten, dünnen Blättern. Auf erdreichem Grund ist die Pflanze stark mit dem Pilzpartner verbunden. Die offenen, schräg nach unten gerichteten Blüten sitzen in einer dichten langen Blütenähre – in seltenen Fällen bis zu 100 Stück. Die Blütenfarbe variiert sehr, und die Teile der Blüte können viele Farbkombinationen von grün, rot, rosa und purpur aufweisen. Der breite Teil der Lippe ist oft stark nach unten und rückwärts gebogen. Die Blütezeit beginnt spät, von Ende Juni bis Ende August. Die Bestäubung, die sehr wirksam ist, wird hauptsächlich von Wespen durchgeführt, aber die Blüten werden auch von Bienen und Hummeln besucht. Der Nektar soll angeblich – ähnlich dem des blütenreichen Violetten Sumpfstendels und vieler anderer Pflanzen – narkotische oder giftige Wirkung haben (vgl. S. 36).

Wie bereits erwähnt, zeigt der Breitblättrige Sumpfstendel viele Variationen in der Wahl seines Lebensraumes. Mit Hilfe der Mykorrhiza kann er auch im extremen Schatten wachsen und manchmal lange Zeit unterirdisch überleben.

Der Breitblättrige Sumpfstendel hat eine weite Verbreitung über ganz Europa südwärts bis Nordafrika, ostwärts bis Sibirien undzum Himalaya. In der Bundesrepublik ist er in der Ebene und den Mittelgebirgen zu finden, im Hochschwarzwald und den Alpen bis in Höhen von 1350 – 2400 m.

Fruchtstand

Knospenstadium

Violetter Sumpfstendel, *Epipactis purpurata* Sm.

purpurata: purpurfarben

Der Violette Sumpfstendel ist ein schattenliebendes Gewächs, das man vor allem in Buchenwäldern, seltener im Nadelmischwald auf nährstoffreichem, oft kalkarmem Boden findet. Unter dem dichten Laubdach dieses lichtarmen Milieus ist sie manchmal die einzige kleinere Krautpflanze. Charakteristisch für diese Art ist, daß viele Stengel an einer Stelle aus dem kräftigen, ungewöhnlich tief liegenden Wurzelstock wachsen können. Die Stengel, die manchmal knapp meterhoch werden, sind derb und tragen einen dichten Blütenstand. Die Blätter sind relativ schmal, graugrün mit mehr oder weniger starker Violettfärbung. Die Lippe ist von kelchartig angeordneten, spitzen Perigonblättern umgeben, die einen weißgrünen, schwach rötlichen Farbton besitzen. Der schalenförmige Teil der Lippe ist innen purpurfarbig, der äußere Teil weißlich. Der Violette Sumpfstendel blüht sehr spät, meist im August, manchmal auch erst im September. Er wird wie der Breitblättrige Sumpfstendel in der Hauptsache durch Wespen bestäubt und hat vermutlich giftigen oder narkotisch wirkenden Nektar. Die dichten, großen Blütenstände werden eifrig von Wespen besucht (vgl. S. 12). Ein Forscher meinte, daß der Nektar die Wespe berauscht und sie damit bei ihrem Besuch hindert, die Pollinien, die sich in Mengen auf ihrem Kopf ansammeln können, abzustreifen. Möglicherweise wird die berauschende Wirkung von Hefepilzen verursacht, die im Nektar der Pflanze vorkommen und Gärungsprodukte bilden. Das Insekt ist also ganz einfach beschwipst!

Fruchtstand

Man hat bezweifelt, daß der Violette Sumpfstendel mit seinen farbigen, schmalen Blättern im lichtarmen Milieu ausreichend Nahrung produzieren kann. Bestimmte Formen sind ganz und gar rotviolett und haben kein Chlorophyll. Viele glauben, daß die Orchidee eine teilweise saprophytische Lebensweise hat und fast ganz vom Pilzpartner abhängt. Dagegen spricht jedoch der Umstand, daß die Pflanze wirksame, tiefreichende Wurzeln hat und man sie bis jetzt noch nicht mit Pilzen vergesellschaftet fand.

Der Violette Sumpfstendel wird manchmal als eine Abart des Breitblättrigen Sumpfstendels bezeichnet. Er kommt in Norddeutschland nicht vor, in Süddeutschland bis in etwa 800 m Höhe, im Alpenvorland bis 500 m Höhe.

Epipactis leptochila (Godf.) Godf.

leptochila: mit schmaler Lippe

E. *leptochila* wächst in stark kalkhaltigen Laubwäldern, vornehmlich Buchen- und Eichenwäldern. Sie wurde 1921 als eine eigene Art beschrieben, aber von vielen Botanikern für eine Unterart oder ökologische Rasse des Breitblättrigen Sumpfstendels gehalten. Sie unterscheidet sich von diesem unter anderem durch das Aussehen der Blüten und durch Selbstbestäubung. Die rote Farbe fehlt der gelb- bis olivgrünen Pflanze vollständig. Der stark behaarte Stengel trägt zwei Reihen gelblichgrüner Blätter mit hervortretenden Blattnerven. Er entspringt einzeln einem langen, dicken Wurzelstock. Die Blüten, die leicht geneigt in lockerer Anordnung sitzen, sind ziemlich groß und weit geöffnet, mit bleichen, grüngelblichen Blütenblättern. Der lateinische Name bezieht sich auf den äußeren Teil der Lippe, der an der Basis ausgebeult und sonst lang und spitz und nicht wie beim Breitblättrigen Sumpfstendel gewölbt ist. Der innere Teil der Lippe ist dunkel gefärbt. Die Blütezeit liegt zwischen Juli und August. Man glaubt, daß sie sich wie die *Epipactis phyllantes* selbst bestäubt; gewisse Anhaltspunkte deuten jedoch darauf hin, daß sie zumindest gelegentlich von Insekten bestäubt wird. Das Rostellum ist verkleinert, und das große, geschäftete Staubgefäß vornüber geneigt. Die Pollinien fallen auseinander und gelangen direkt auf die Narbe. Die Aussaat ist sehr gut, und der Fruchtstand mit den verhältnismäßig großen Samenkapseln auffällig. Es ist nicht ganz klar, ob die Selbstbestäubung bei *Epipactis leptochila* und anderen Arten das Ergebnis der fortlaufenden Rückbildung des Rostellums ist, das auf diese Weise schließlich seine Funktion verloren hat.

Epipactis leptochila ist eine Waldpflanze, die Buchenwälder bevorzugt, in denen man sie oft in tiefstem Schatten findet. Vermutlich hängt sie in gewisser Weise von der Mykorrhiza ab. Sie bleibt sicher – ähnlich anderen abweichenden Typen der Familie – unbeachtet, und über ihre Verbreitung ist wenig bekannt. Aufgrund der bisher gemachten Funde gilt sie als südwesteuropäisch, jedoch wurde über sie auch schon aus Mitteleuropa und Griechenland berichtet. In Deutschland wurden Vorkommen im Alpenvorland und Nordhessen beschrieben.

Epipactis phyllantes

phyllantes: blattartiges Aussehen der Blütenhülle

Dieser Sumpfstendel gehört zu den umstrittenen Arten. Er ist eine von vielen Orchideenarten, die mit dem Breitblättrigen Sumpfstendel nahe verwandt sind. In der Literatur wird sie zum Teil als Varietät des Breitblättrigen Sumpfstendels bezeichnet. Mit der Abgrenzung, die hier gemacht und ziemlich allgemein akzeptiert wird, schließt diese Art alles ein, was in unserer Flora unter dem Namen *Epipactis confusa, Epipactis persica* und *Epipactis phyllantes* bekannt war. Die Grenzziehung zwischen diesen Arten wurde nach und nach immer schwerer, je mehr Zwischenformen angetroffen wurden. *Epipactis phyllantes* ist eine stark variable Art, vor allem im Blütenbau, der vermutlich in Zusammenhang mit der Selbstbestäubung steht. Diese ziemlich schmale, oft frisch hellgrüne Orchidee hat einen kahlen oder fast kahlen Stengel (s. Bild), der aus einem kurzen Wurzelstock mit dicken Wurzeln hervorgeht, und kurze, zarte, lanzettähnlich ovale Blätter trägt. Die hängenden Blüten sind im Aussehen verschieden. Bei bestimmten Arten sind sie geschlossen, glockenähnlich, bei anderen eher offen. Die Perigonblätter sind blaßgrün und spitz. Die Lippe hat bei den Arten, die früher zu *Epipactis confusa (persica)* und anderen gerechnet wurden, einen deutlich abgesetzten, schalenförmigen unteren Teil. Bei Arten, die auch früher schon „phyllantes" genannt wurden, gleicht die Lippe den übrigen Blütenblättern. Alle Arten von Zwischenformen sind bekannt. Der äußere Teil der Lippe hat eine weißliche Spitze und rötlichweiße Auswölbungen an der Basis. Das Bestäubungsverhalten ist nicht geklärt, aber Selbstbestäubung scheint die Regel zu sein. Diese geschieht manchmal bereits im Knospenstadium der Blüte, und reife Samenkapseln können schon früh gefunden werden.

Die *Epipactis phyllantes* wächst auf kalkreichem Grund in wechselndem Milieu in Laubwald, Nadelwald, Dickicht und am Waldrand, am liebsten auf sandigem Boden. Manchmal findet man sie auf sehr trockenem Boden, manchmal auf Boden, der zeitweise überschwemmt ist. Die Verbreitung ist kaum bekannt. In England hat sie eine Reihe von Standorten. Aus anderen europäischen Ländern ist ebenfalls über sie berichtet worden. Einige Angaben deuten darauf hin, daß sie eine ziemlich weit ausgedehnte Verbreitung in Europa und ostwärts in den Orient hat. In der Bundesrepublik wird sie generell als selten angesehen, verschiedene Standorte sind bekannt – sie liegen in Norddeutschland.

helleborine

phyllanthes

Links: helleborine
Rechts: phyllanthes

Knospenstadium

Echter Sumpfstendel, *Epipactis palustris* (L.) Cr.

palustris: sumpfig

Sümpfe mit großem Kalkbestand sind der geeignete Boden für diese – vielleicht schönste – Epipactisart. Die großen Blüten bewegen sich leicht im Wind und leuchten in kontrastreichen Farben. Im Unterschied zu den übrigen Arten hat der Echte Sumpfstendel einen kriechenden, reich verzweigten Wurzelstock (vgl. Abbildung), aus dem die schwach behaarten, unten breitblättrigen Stengel hervorgehen. Die Blüten sitzen frei auf dem gebogenen Fruchtknoten. Die äußeren Perigonblätter sind blaß braunrot, die inneren weißlich. Die Lippe dominiert durch ihren äußeren, breiten, weißen, gekräuselten Teil. Dieser ist elastisch gegen den inneren, muldenförmigen Teil geneigt, der zwei ohrenähnliche Fortsätze hat. Die Blüte findet zeitiger als bei anderen Epipactis-Arten statt – gewöhnlich von Juni bis August. Diese Orchidee wird von vielen verschiedenen Insekten besucht und bestäubt: Bienen, Hautflüglern, Fliegen und Käfern. An Hautflüglern, die anscheinend wirksame Bestäuber sind, haften die Pollinien an, wenn sie sich aus dem Blütengrund zurückziehen und wegen der gewölbten Lippe umkippen.

Mit Hilfe des kriechenden Wurzelstocks breitet sich der Echte Sumpfstendel leicht über große Flächen aus und bildet manchmal einen Bestand von vielen hundert Exemplaren. Er hat eine ziemlich große Frucht, die auf dem Wasser schwimmt und die Pflanze verbreiten kann. Er ist vornehmlich in kalkreichen Sümpfen, nassen Wiesen und Uferwiesen zu Hause. Er besiedelt auch andere Böden, besonders neu aufgeworfene Erde, z. B. verlassene Kiesgruben und aufgeschüttete Erdwälle. Durch Trockenlegung ist er in letzter Zeit an vielen Stellen verdrängt worden.

Der Echte Sumpfstendel ist eine zentraleuropäischasiatische-Art, die im europäischen Mittelmeerraum fehlt, jedoch in Nordafrika vorkommt. In den Alpen kann er in Höhen bis zu 1300 m wachsen. In Norddeutschland ziemlich selten, im Süden etwas häufiger.

Widerbart, *Epipogium aphyllum* Sw.

epi: auf, um; *pogan:* Bart (Lippe); *aphyllum:* ohne Blatt
Diese eigentümliche, schöne Orchidee taucht plötzlich auf, um ebenso plötzlich vielleicht für viele Jahre zu verschwinden. Die Erklärung liegt in der saprophytischen Lebensweise und der speziellen Entwicklung der Triebe dieser Pflanze. Sie hat kein Chlorophyll und ist in der Nahrungsaufnahme ganz auf den Pilzpartner angewiesen. Der unterirdische, korallenähnlich verzweigte Wurzelstock trägt Haare, durch die der Pilz eindringt. Bestimmte Zweige des Wurzelstocks werden zu Trieben umgewandelt, die bereits im Herbst die Anlage zur Blüte in sich tragen. Wird der folgende Frühling feucht und mild, kommt der Trieb hervor und blüht. Ist das Frühjahr ungünstig, stirbt der Sproß ab, bevor er an die Oberfläche gelangt, aber der Wurzelstock wächst weiter. Durch lange, schmale Ausläufer kann sich die Pflanze über große Flächen verbreiten. An diesen Ausläufern werden Knollen gebildet, die sich allmählich loslösen, und aus denen nach einigen Jahren neue Einzelpflanzen emporwachsen können. Nach der Blüte sterben die Triebe und Teile des Wurzelstocks ab, und es kann bis zu 10 Jahren dauern, bevor die Pflanze wieder blüht – dann vielleicht an einem ganz anderen Ort.
Die Blütezeit ist Juli/August. Die spröden, brüchigen, fast durchscheinenden Stengel tragen einige wenige große Blüten mit gelbweiß durchscheinenden äußeren Perigonblättern. Da der Fruchtknoten nicht gedreht ist, sitzt die Lippe oben. Sie ist dreizipflig, der mittlere Zipfel groß, weißrosa mit violettroten Markierungen. An seiner Rückseite befindet sich der dicke, nach oben gebogene, rotweiße Sporn. Die Blüten duften angenehm. Im Hinblick auf die Bauweise der Blüte und das Milieu, in dem der Widerbart lebt, ist es wahrscheinlich, daß Hummeln die Bestäuber sind. Vermutlich kommt keine Selbstbestäubung vor. Samen werden selten produziert.
Der Widerbart ist in humusreichen, feuchten Wäldern zu Hause – im nördlichen Teil seines Ausbreitungsgebietes im Nadelwald, im südlichen Teil im Buchen- und Eichenwald. Er wächst in Bergwäldern höherer Lagen bis zu 1500 m. Die Gesamtverbreitung umfaßt den größten Teil Europas mit Teilen Asiens ostwärts bis nach Japan, zum Himalaja und nach Nordindien. Bei uns ist er selten, wird hauptsächlich in Baden-Württemberg und im Alpenvorland gefunden und fehlt im Nordwesten.

Großes Zweiblatt, *Listera ovata* (L.) R. Br.

listera: Lister, engl. Wissenschaftler; *ovata:* eiförmig (Blattform)

Merkwürdig an dieser Orchidee sind die beiden großen, ovalen Blätter am auffallend hohen Stengel. Dagegen verschwinden die gelbgrünen Blüten im vorsommerlichen Grün einer Laubwiese. In diesem Milieu hat das Große Zweiblatt seine natürliche Heimat, aber es ist wenig wählerisch, was seinen Standort angeht. Man findet es ebenso in feuchten Wäldern, Dickichten, Sümpfen und hin und wieder auf trockenen Hügeln und an Wegrändern.

Zur Familie *Listera* gehören ca. 10 normalerweise grünlich gefärbte Orchideen ohne Wurzelknollen. Sie hat gewöhnlich zwei Krautblätter, die in der Mitte des Stengels einander gegenübersitzen. Bei uns kommen zwei Arten vor: das Große Zweiblatt und das Herz-Zweiblatt. Das Große Zweiblatt hat einen Wurzelstock und lange, teilweise nahrungsspeichernde Wurzeln. Der manchmal halbmeterhohe Stengel ist klebrig, drüsenhaarig und trägt einen schmalen, langen Blütenstand. Die Blüten haben eine lange, gerade nach unten hängende, in der Spitze zweispaltige Lippe. Die Blütezeit erstreckt sich über das ganze Frühjahr bis weit in den Juli hinein. Eine große Zahl verschiedener Insekten, unter anderem Fliegen und Käfer, scheinen die schwach nach Moschus duftenden Blüten zu besuchen und sind für die Bestäubung zuständig (vgl. S. 13). Das Insekt kriecht auf die Lippe hinauf, die in einer glänzenden, längslaufenden Rippe einen Nektarkanal hat. Das Insekt stößt hierbei an das Rostellum, das nahezu explosiv eine klebrige Flüssigkeit absondert. Die Pollinien, die bei ihrer Reifung auf dem Rostellum abgesetzt werden, können nun leicht auf dem Kopf des Insekts anhaften. Bei älteren Blüten ist das Rostellum aufwärts gebogen und die Narbe freigelegt. In einer solchen Blüte können die Pollinien eines besuchenden Insekts ohne Behinderung auf der Narbe angeheftet werden. Wenn das Staubgefäß einer Blüte seinen Pollen abgegeben hat, bevor die Narbe zur Aufnahme bereit war, ist die Selbstbestäubung erschwert – dann muß der Pollen jüngerer Blüten auf den älteren abgesetzt werden. Die aufrechten Samenkapseln des Großen Zweiblatts öffnen sich in feuchter Witterung bei Berührung.

Das Große Zweiblatt kann oft in Mengen auf weiten Flächen wachsen und ist eine der bekanntesten Orchideen. Außer in Europa gedeiht es in Sibirien und in Teilen Südasiens. In Deutschland häufig in allen Teilen, im Gebirge bis ca. 1600 m.

Fruchtstand

Herz-Zweiblatt, *Listera cordata* (L.) R. Br.

cordata: herzförmig (auf die Blattform bezogen)

Unter Orchideen stellt man sich stets aufsehenerregende und farbenprächtige Gewächse vor, aber das ist nicht immer der Fall. Das feingliedrige, unscheinbare Herz-Zweiblatt entgeht sogar dem aufmerksamen Waldwanderer, da es sich im dunklen, feuchten Moos des Nadelwaldes verbirgt. Es wird oft nur 10 bis 15 cm hoch. Der grazile, manchmal gerötete Stengel mit seinen zwei kleinen, herzförmigen, glänzenden Blättern geht aus einem dünnen, kriechenden, kurzlebigen Wurzelstock hervor. Der lockere Blütenstand trägt leuchtend purpur-grüne Blüten. Die Lippe ist an der Spitze tief gespalten mit auswärts gebogenen Zipfeln. Der nektarabsondernde Kanal des Großen Zweiblatts fehlt.

Über die Bestäubungsvorgänge des Herz-Zweiblatts ist ziemlich wenig bekannt. Kleine Insekten, z. B. Fliegen und kleine Hautflügler, werden als Bestäuber erwähnt. Auch Selbstbestäubung kommt vor. Die Samenbildung geht schnell vor sich, man kann blühende Exemplare finden, die weiter abwärts bereits die charakteristischen, kugelrunden, reifen Samenkapseln tragen.

Das Herz-Zweiblatt kann sich sehr wirksam mit Hilfe seines unterirdischen Wurzelsystems vermehren und ausbreiten. Ein Teil der Wurzeln bildet Knollen, aus denen sich neue Einzelpflanzen entwickeln. Dadurch, daß das unterirdische System wenig Wurzeln hat und kaum nahrungsspeichernd ist, hängt das Herz-Zweiblatt während seines ganzen Lebens in hohem Grade von seinem Pilzpartner ab. Diese Orchidee lebt auch in nahrungsarmen Gegenden, meist in moosigen Nadelwäldern. Sie kommt ab und zu in Laubwäldern, z. B. in den Birkenwäldern der Berge, und in offenerem, sumpfigem Gelände vor. Manchmal trifft man sie in kleinen Moospolstern, wo sie zusammen mit Moosbeere und Sonnentau auftritt. Bisweilen wächst sie auf eher heideartigem Grund, manchmal ganz verborgen im Heidekraut oder anderem Gestrüpp. Im Gegensatz zum Großen Zweiblatt tritt sie vereinzelt oder in lockeren Gruppen auf.

Das Herz-Zweiblatt ist über die nördliche Halbkugel verbreitet, sein Vorkommen erstreckt sich auf Nord- und Mitteleuropa, Asien, Südgrönland und größere Teile Nordamerikas.

Nestwurz, *Neottia nidus-avis* (L.) L. D. Rich.
neottia (griech.) u. *nidus-avis* (lat.): Vogelnest

Wer die Nestwurz zum ersten Mal sieht, hält sie oft für eine verwelkte Pflanze vom vorigen Jahr. Wie ein eigentümliches Waldwesen steht diese bemerkenswerte, blaß gelbbräunliche Orchidee mitten in all dem Grünen. Unten im Boden liegt das elsternestähnliche Wurzelsystem: zahlreiche dicke Wurzeln, die von einem kurzen Wurzelstock ausgehen. Der robuste, spargelähnliche, manchmal viele Dezimeter hohe Stengel trägt gebogene Schuppenblätter. Der Blütenstand ist zur Spitze hin dicht, nach unten lockerer. Die oberen Blätter der Blüte sind zusammengeschlossen. Die Lippe ist im Verhältnis zur Blüte groß und hat lange, auswärts gewölbte Zipfel, die meist die nächstuntere Blüte berühren. An der Basis findet sich ein nektarerzeugendes Grübchen. Die Blüten haben schwachen Honiggeruch und locken eine große Anzahl von Insekten – meistens Fliegen – an. Die Nestwurz blüht Anfang Juni. Über ihren Bestäubungsvorgang ist ziemlich wenig bekannt. Selbstbestäubung ist wahrscheinlich die Regel. Wie beim Großen Zweiblatt hat die Blüte zwei Stadien, eines, in dem die Pollinien reif sind und eines, in dem die Narbe frei liegt. Manchmal entwickelt sich die Blüte unter einer Moosdecke, ab und zu sogar unterirdisch. Durch Selbstbefruchtung können selbst solche Blüten Samen bilden. Die Samenbildung ist sehr effektiv, was man an den oft lange noch übrig bleibenden charakteristischen Fruchtständen feststellen kann.

Wenn die Nestwurz verblüht ist, stirbt gewöhnlich der Wurzelstock und ein großer Teil des Wurzelsystems ab. Ein Teil der Wurzel bildet indessen neue Triebe aus. Die Pflanze kann sich auf diese Weise unterirdisch verbreiten und vermehren. Untersuchungen haben ergeben, daß Chlorophyll in der Pflanze zwar vorkommt, sie aber dennoch in der Nahrungsaufnahme auf die Hilfe des Pilzpartners angewiesen ist. Mit Hilfe der Pilzenzyme können in der Wurzel Humus-Substanzen aufgenommen und abgebaut werden. Die Nestwurz ist demnach ein Saprophyt, der von totem Material aus Pflanze und Tier lebt. Sie ist auf humusreiche Böden in pflanzenreichen, feuchten Laub- und Nadelwäldern angewiesen.

Die Nestwurz gehört zu einer Gruppe zentralasiatischer Orchideen. Unsere Nestwurz hat ihre Verbreitung in Zentral- und Nordeuropa; ostwärts bis nach Sibirien, den Kaukasus und Kleinasien. In Berggegenden kann sie in Höhen bis zu 1700 m wachsen. Die Nestwurz ist in allen Teilen Deutschlands auf geeigneten Böden anzutreffen.

Fruchtstand

Netzblatt, Kriechstendel, *Goodyera repens* (L.) R. Br.
Goodyera: nach Goodyer (engl. Forscher), *repens:* kriechend

Das Netzblatt ist die Orchidee gestrüpp- und moosreicher Wälder. Beim Blaubeeren- und Preiselbeerenpflücken bemerkt man plötzlich das ziemlich unscheinbare Gewächs. Sein langer Wurzelstock kriecht in oder unter der Moosdecke. Ein charakteristisches Merkmal sind die grundständigen, dunkelgrünen, netzähnlich geäderten Blätter. Der fast einseitig gedrehte, ährengleiche Blütenstand ist blaß, gelbgrün, kurzhaarig und in der Spitze etwas zurückgeneigt. Die kleinen, süßlich duftenden, eleganten Blüten sind weiß und die äußeren Blütenblätter dicht mit Drüsenhärchen besetzt. Die Lippe hat einen äußeren, zungenähnlichen, spitzen und einen inneren, beutel- oder schalenförmigen, nektarabsondernden Teil. Die orangeroten Abschnitte des Gynostemiums (S. 8) kontrastieren hübsch gegen die weißen Blütenblätter. Die Bestäubung wird wahrscheinlich durch Hummeln vorgenommen. Die Blüte gleicht anfangs einer Röhre, die Pollinien können nur vom Kopf eines die Blüte besuchenden Insekts erreicht werden. Später öffnet sie sich, und die Narbe wird leicht zugänglich. Die Blütezeit dauert von Anfang Juli bis in den September. Die Frucht des Netzblattes ist sehr klein und staubfein. Wenn die Samenbildung unterbleibt, kann sich die Pflanze mit Hilfe von Ausläufern ihres locker im Boden verankerten Wurzelstocks verbreiten und vermehren. In der Spitze des Wurzelstocks und der Ausläufer bilden sich Triebe, die bereits im Herbst aufschießen und überwintern. Der untere Teil des Moospolsters kann manchmal ganz vom Wurzelstock und seinen Ausläufern durchwachsen sein. Obwohl das Netzblatt eigene Nahrung produzieren kann, scheint es stark vom Pilzpartner abzuhängen. Oft ist das ganze unterirdische System von einem Pilz durchwachsen. Das Netzblatt wächst am liebsten in moosreichen Nadelwäldern, vor allem in höheren Wäldern, aber auch im Gebirge. Man sieht es niemals in großen Mengen. Gewöhnlich wächst es einzeln oder in lockeren Kolonien. Es braucht Licht zur Blüte und zieht Nutzen aus Lichtungen und kleineren Aushüben, scheut aber stärker kultivierten Boden.

Die Familie Goodyera hat ca. 100 Arten in der Nadelwaldzone der nördlichen Halbkugel. Das Netzblatt hat ein ähnliches Verbreitungsgebiet wie das Herz-Zweiblatt (hauptsächlich Süddeutschland, im Westen und Norden selten). Beide Arten kommen oft gemeinsam an den gleichen Stellen vor. Außer größeren Teilen Europas umfaßt das Verbreitungsgebiet die gemäßigten Zonen Asiens und Nordamerikas und Nordafrika.

Fruchtstand

Herbst-Drehwurz, *Spiranthes spiralis* (L.) F. Chev.

spiralis: gedreht (Blütenstand)

Die Blütenstände dieser Orchidee erscheinen wie ein Zopf mit eingesteckten Blüten. Die Familie *Spiranthes* ist mit *Goodyera* nahe verwandt, die auch manchmal Blüten in deutlicher Spiralform hat. Die Herbst-Drehwurz hat einen kurzen Wurzelstock mit oft knollig verdickten Wurzeln, ähnlich Dahlienknollen. Der Stengel, der von scheideähnlichen Blättern umschlossen wird, ist bis oben mit Drüsenhärchen besetzt. Am Grunde sitzt eine Rosette verwelkter Blätter und daneben eine neue grüne Blattrosette, die im Spätherbst und im Winter auswächst. Die Blüten, die in einer dichten Spirale sitzen, sind weiß bis grünweiß und glockenähnlich. Die breite, rinnenartige Lippe hat zwei Nektardrüsen an der Basis und umschließt nahezu das ganze Gynostemium. Der vordere Teil der Lippe ist flach und gekräuselt und dient als Landefläche für anfliegende Bienen und Hummeln. Die blattähnlichen Pollinien haften auf einer schmalen Schneide, die einen Teil des Rostellums bildet. In frisch geöffneten Blüten führt eine enge Verbindung zu den inneren Teilen, in die das Insekt seinen Saugrüssel steckt. Der untere Teil des Rostellums bricht, und die klebrige Schneide heftet sich an das Insekt, das die Pollinien herauszieht, wenn cs die Blüte verläßt. Beim Besuch eines neuen Blütenstandes können sich Teile der zerbrechlichen Pollinien ablösen und in die älteren Blüten fallen. Diese sind offener und haben eine leicht zugängliche Narbe, da das Rostellum geschrumpft ist. Wenn das Insekt die Blütenähre hochklettert, erreicht es jüngere Blüten und lädt neuen Pollen auf.

Die Herbst-Drehwurz kommt ziemlich verbreitet in Europa vor, besonders in Küstennähe. Die Pflanze bevorzugt sonnige Grasflächen und besiedelt schnell neu gebildete Wiesen, z. B. zugewachsene Äcker und neues Weideland (vorzugsweise Schafweiden). Sie ist die am spätesten blühende Orchidee (August bis Oktober). Die Blüte variiert von Jahr zu Jahr. Durch Seitenknospen am Wurzelstock kann sich die Pflanze vegetativ vermehren.

Die Herbst-Drehwurz ist eine süd-euro-asiatische Art, die in Europa von Irland im Westen bis zum Ural im Osten verbreitet ist. Sie kommt auch im Mittelmeerraum, in Nordafrika und Südwestasien vor. In Deutschland wächst sie vor allem im Rheinland, in Baden-Württemberg und im Allgäu; im Norden ist sie selten.

Spiranthes romanzoffiana
romanzoffiana: nach dem russischen Grafen und Mäzen Romanzoff. Abbildung S. 57

Europa hat nur drei *Spiranthes*-Arten. Die interessanteste ist die *S. romanzoffiana,* die nur in West-Irland, an wenigen Stellen West-Schottlands und einer Stelle in Südwest-England vorkommt. Das außereuropäische Verbreitungsgebiet erstreckt sich über Teile Asiens und den größten Teil des nordamerikanischen Kontinents. Die Vorposten im westlichsten Europa können bislang nicht schlüssig erklärt werden.

Die *S. romanzoffiana* hat einen dichten Blütenstand mit drei spiralig gedrehten Reihen drüsenhaariger Blüten auf der Ähre. Die weißen bis cremegelben, etwas röhren- oder glockenförmigen Blüten blühen im Juli und August auf. Bauweise und Bestäubungsvorgänge der *Spiranthes*-Blüten wurden bereits beschrieben.

S. aestivalis

Die Bestäubung dieser Art wird von Hummeln und Bienen vorgenommen, ist aber für die europäischen Wachstumsformen noch nicht im einzelnen erforscht.

Die Orchidee wächst in Nordamerika halbmeterhoch, in Europa niedriger. Der Stengel trägt schmale, glänzende Blätter, die zum Trieb des Vorjahres gehören. Die Pflanze gedeiht in Sümpfen, an Seestränden u. ä., jedoch auch in Überschwemmungsgebieten und nassem Weideland.

Sommer-Wendelähre, *Spiranthes aestivalis*
aestivalis: sommerlich. Abbildung S. 56

In kalkarmen, nassen Moosen, auf Sumpfböden und an Wasserläufen, wo die Vegetation nicht allzu dicht ist, muß man die Sommer-Wendelähre suchen. Im südlichen Europa findet man sie oft im Gebirge bis zu 1500 m Höhe. Diese Art tritt unregelmäßig auf und ist in Mitteleuropa sehr selten. Sie scheint leider von den allermeisten Standorten zu verschwinden. In England und anderen Stellen ihrer nördlichen Verbreitung gilt sie als ausgestorben.

S. aestivalis

Die Sommer-Wendelähre ist etwas kürzer und hat weniger Blüten als *Spiranthes romanzoffiana.* Die Blätter werden vom Jahrestrieb gebildet. Die Blüten sind länger, schmaler und heller. Sie duften wie die übrigen Arten angenehm und gegen Abend stärker. Nachtschmetterlinge werden als Bestäuber genannt, jedoch gibt es keine genaueren Untersuchungen darüber.

Diese Art ist vor allem in Teilen Süd- und Zentral-Europas und im Mittelmeerraum heimisch, kommt aber auch in Nordafrika und teilweise in West-Asien vor. In Deutschland wurde über Funde im Oberrheintal, im Alpenvorland und den Alpen berichtet. Sie gilt als selten.

Weichstendel, *Hammarbya paludosa* (L.) O. K.

Hammarbya: nach Linnés Hammarby; *paludosa:* sumpfig

Diese kleine, gelbgrüne Orchidee, die oft mit der übrigen Vegetation – z. B. dem Mooskissen, in dem sie steht – verschmolzen zu sein scheint, ist schwer zu entdecken. Der Weichstendel ist eine kleine, zartgliedrige Orchidee, nicht mehr als 5 bis 10 cm hoch. Die unterirdischen Teile bestehen hauptsächlich aus zwei von Blattscheiden umgebenen Knollen, die übereinander angeordnet sind. Davon gehört die eine zum Trieb des vorigen Jahres. Im Torfmoos verlängern sich die Glieder des Wurzelstocks, dadurch entfernen sich die Knollen weit voneinander und auch vom Sproß. Die Wurzeln sind haarähnlich. Die Pflanze ist in der Nahrungsaufnahme völlig auf ihren Pilzpartner angewiesen. Die wenigen gelbgrünen Blätter sind oval und ziemlich fleischig. Der dichte Blütenstand ist hell gelbgrün und macht oft mehr als die halbe Pflanzenhöhe aus. Die sehr kleinen Blüten sind höchst bemerkenswert. Ihr langer Fruchtknoten ist um ganze 360 Grad gedreht, wodurch die Lippe nach oben gerichtet ist. Die Lippe des Weichstendels hat eine schalenförmige Vertiefung, gleicht aber den übrigen Blütenblättern. Blütezeit ist der Hoch- und Spätsommer. Es gibt wenige Angaben über die Bestäubungsvorgänge beim Weichstendel. Wahrscheinlich wird die Pflanze durch Kleininsekten wie Fliegen und Mücken bestäubt. Ziemlich häufig kann man die aufrechten, reifen kleinen Samenkapseln sehen, die darauf hindeuten, daß Bestäubung und Befruchtung sehr wirksam waren. Die Samen können auf dem Wasser schwimmen und so die Pflanze verbreiten. Eine andere Eigentümlichkeit des Weichstendels ist, daß er sich nicht nur durch Samen verbreitet. Jedes Blatt trägt an seiner äußeren Kante kleine Brutknospen, die sich leicht loslösen und neue Pflanzen bilden können.

Hammarbya paludosa, die in vielen Büchern unter dem Namen *Malaxis paludosa* erscheint, ist die einzige Art der Familie. Sie ist eine unserer wenigen Orchideen, die ziemlich saure Milieuverhältnisse vertragen. Man findet sie ausschließlich in torfmoosreichen, durchgeweichten Moor- und Wiesengründen, wo man sie oft zusammen mit Sonnentau sieht. Die Gesamtverbreitung erstreckt sich auf die Gebiete Nord- und Mitteleuropas und Asiens, die ein kühles und feuchtes Klima haben. In Deutschland ist sie eine der seltensten Orchideen; Vorkommen in Süddeutschland sind unsicher, im Norden Deutschlands wird sie etwas häufiger angetroffen.

Blatt mit
Brutknospen

Einblattorchis, *Malaxis monophyllos* (L.) Sw.

malakos: weich, zart; *monophyllos:* mit einem Blatt

Im kalkreichen, saftigen Grün des Erlensumpfes verbirgt sich diese seltene, grazile Orchidee – so gut, daß sie glücklicherweise oft übersehen wird. Denn die typischen Standorte – kleine Sümpfe und Quelläufe – werden bei der Orchideensuche leicht zertreten. Man sollte auf solchem Gelände sehr vorsichtig gehen.

Erle

Wie der lateinische Name sagt, hat die Einblattorchis nur ein einziges Blatt, das oval oder lanzettförmig ist. Darunter sitzen jedoch ein paar kleine, den Stengel umfassende Schuppenblätter. Der unterirdische Teil der Pflanze besteht aus nahe beieinandersitzenden Stammknollen. Aus einer dieser Knollen wächst der Jahrestrieb mit dem zarten, schlanken Stengel. Ältere Knollen bleiben oft stehen, und man kann manchmal drei bis vier Stück davon sehen (s. Abb.). Die Pflanze wird 10 – 30 cm hoch. Die kleinen, bleichen, gelbgrünen Blüten bilden eine lockere, auseinandergezogene Ähre. Wie bei der Sumpfweichorchis sind die Blüten ganz gedreht und haben auch hier eine nach oben gerichtete Lippe. Die schmalen, gespreizten Blütenblätter geben der Blüte ein insekten- oder spinnenähnliches Aussehen. Über die Bestäubung ist wenig bekannt. Wahrscheinlich wird sie von Kleininsekten besucht, aber auch Selbstbefruchtung ist möglich.

Die Einblattorchis blüht im Juni/Juli. Man findet sie auf kalkhaltigem Moorboden und in durchgeweichten Wald- und Wiesengründen. Vor allem scheint sie in Erlensümpfen zu gedeihen. Ihre Blätter sind hier schwer auszumachen inmitten der anderen Gewächse, die in diesem Milieu gedeihen, z. B. Wasserklee und Sumpfveilchen. Es ist nicht leicht, ein klares Bild über die Ausbreitung der Einblattorchis zu gewinnen. Teils wird sie auch vom geübten Feldbotaniker übersehen, teils ist sie von ihren Standorten infolge von Trockenlegung oder Waldabholzung verschwunden. Die Pflanze blüht anscheinend unregelmäßig. Ihr Hauptverbreitungsgebiet liegt in Rußland und Nordostasien. In Deutschland gilt die Einblattorchis als selten, zusammenhängende Verbreitungsgebiete können nicht genannt werden. Die Einzelfunde sind im Alpenvorland und den Alpen häufiger.

Scheinzwiebel

Glanzkraut, *Liparis loeselii* (L.) L. C. Rich.
liparos: fettglänzend; *loeselii* nach J. Loesel, deutscher
Professor (16. Jahrh.)
Das Glanzkraut ist ein seltenes Kalk-Sumpf-Gewächs.
Seine nächsten Verwandten leben in den Tropen. Es
sind viele prachtvolle Orchideen, darunter eine große
Anzahl Epiphyten, die in den Baumkronen der tropischen Wälder leben. Wie Weichstendel und Einblattorchis und ihre tropischen Verwandten hat das Glanzkraut einen an der Basis verdickten Stengel. Die
Stammknolle dient als Nahrungsspeicher für den her-
vorsprießenden Trieb. Am Fuße jedes Triebs findet
man in der Regel zwei Knollen, den diesjährigen und
den des Vorjahres (s. Abb.). Wenn die Pflanze aus tie-
fem Moos hochwächst, sitzen die Knollen in einer Reihe übereinander wie die Perlen eines Rosenkranzes. Die
Pflanze scheint die Nahrung unabhängig von einem
Pilzpartner mit normalen Wurzeln aufzunehmen. Der
meist kurze Stengel ist von zwei ziemlich aufrechten,
zungenähnlichen, glänzenden Blättern umhüllt. Unter-
halb sitzen kurze, scheidenähnliche Blätter. Die wenigen kleinen Blüten sind blaßgrün bis gelbgrün. Die
schmalen Blütenblätter bleiben nach dem Verblühen
stehen. Auch hier kommt durch eine volle Drehung des
Fruchtknotens die Lippe nach oben. Das Glanzkraut
blüht im späten Juni und im Juli. Über die Bestäubungsvorgänge ist wenig bekannt, aber man glaubt, daß
Selbstbestäubung regelmäßig stattfindet. Das Staubgefäß ist bei *Liparis* und den nahe verwandten Orchideen
locken- oder mützenförmig. Beim Glanzkraut ist es
stark nach vorne gebeugt und geschäftet, weshalb es
leicht abfällt. Die Pollinien können herausgleiten und
an der Narbe anhaften. Die großen Samenkapseln öffnen sich erst, wenn ihre Wände vermodert sind. Die
Pflanze kann sich auch durch Bildung vieler Stammknollen an der Basis vermehren.

Die ständig durchtränkten Böden: Moorböden, Quell-
moore, nasse Sümpfe, auf denen das Glanzkraut am besten gedeiht, werden in vielen Fällen von Trockenlegung bedroht. Deshalb ist das Glanzkraut bei uns – bis
auf wenige Stellen in Süddeutschland – fast ausgerottet.
In den Rheinniederungen, im Bodenseegebiet und Do-
nautal sowie auf der Frankenalb sind Fundorte bekannt. Die Gesamtverbreitung erstreckt sich über den
größten Teil Europas – außer den nördlichsten und südlichsten Gegenden – und auf Nordamerika.

Korallenwurz, *Corallorhiza trifida* Chat.

Chorallorhiza: Korallenwurzel; *trifida:* dreiteilig

Die Korallenwurz ist eine saprophytische Orchidee. Sie ist unscheinbar, aber ihr zarter, heller Stengel und der feine Blütenstand zeichnen sich oft hübsch gegen das Dunkel des Erlensumpfes oder Pilzwaldes ab. Obwohl sie etwas Chlorophyll hat und grüner als unsere übrigen Saprophyten ist, hängt sie völlig vom Pilz ab, der ihr unterirdisches System durchwebt. Es ist ein korallenartig verzweigter, weißlicher Wurzelstock. Er hat warzenartige Austriebe, die kleine Haarbüschel tragen. Durch die Pilzfäden in den Haaren kann die Pflanze Nahrungsstoffe aus der Erde aufnehmen. Vom Wurzelstock können viele Stengel, meist 10 – 25 cm hoch, hervorgehen. Der Stengel selbst ist mit Schuppenblättern besetzt. Er wirkt unproportioniert hoch im Verhältnis zu dem sehr kurzen, lockeren Blütenstand. Die Blüten, die auf einem dreikantigen Stützblatt sitzen, sind klein und weißgelb bis grüngelb. Drei der Blütenblätter stehen dicht beieinander, zwei sind nach außen gespreizt. Die gewölbte Lippe ist weiß mit rötlichen Streifen und hat in der Mitte eine Rinne. Angeblich gibt es keinen Nektar in den schwach duftenden Blüten. Ferner ist unsicher, ob die kleinen Fliegen und Hautflügler, die die Blüten anfliegen, wirklich bei der Bestäubung helfen. Statt dessen scheint Selbstbestäubung die Regel zu sein. Die Korallenwurz blüht von Mai bis August. Die reifen, hängenden Samenkapseln sind ziemlich groß und oval. Wichtig für die Verbreitung ist eine ausreichende Samenproduktion, da die Korallenwurz keine besonders wirksame Vermehrung und Ausbreitung durch das unterirdische System hat. Die charakteristischen Fruchtstände findet man sogar noch ein Jahr nach der Blüte.

Die Korallenwurz gedeiht am besten in schattigem Laub und Nadelwäldern sowie an sumpfigen Stellen. Sie kommt auch auf offenerem Boden vor, z. B. im Moor und an feuchten Stellen auf sandigem Gelände, und scheint nicht von Kalk abhängig zu sein.

Die Verbreitung ist typisch nördlich. Es gibt sie allgemein auf der nördlichen Halbkugel, auch auf Grönland. In Nordamerika wachsen ca. 10 verwandte Arten. Ähnlich anderen nordeuropäisch-kontinentalen Orchideen hat sie in den südlichen Gegenden des Verbreitungsgebietes ihre Standorte vor allem in den Voralpen und Alpen bis zu 1800 m. Auch in den Mittelgebirgsgegenden Süddeutschlands ist sie anzutreffen; in Nordwestdeutschland dürfte sie äußerst selten sein.

Fruchtstand

Calypso bulbosa (L.) Oakes

Calypso: Nymphe aus der griech. Mythologie; *bulbosa:* mit Knolle

Die *Calypso bulbosa* hat ihren Namen nach der Atlastochter Calypso erhalten, der schönen Nymphe, die den schiffbrüchigen Helden Odysseus 7 Jahre bei sich zurückgehalten hatte. „Die *Calypso bulbosa* des Jahres steigt von ihrem guten Winterlager (der Zwiebel) empor, mit nur einer Stütze (Blatt) und noch verhülltem Fuß, das Gesicht (Säule mit Anhang) von den Rosenstrahlen (Blütenblättern) der Hoffnung umgeben, die verschämt schwellende Brust unter einer mit goldenem Pinsel verzierter Bedeckung (Lippenrand)". So beschreibt der Botanikprofessor Wahlenbergh die *Calypso bulbosa* zu Beginn des 18. Jahrhunderts.

Die *Calypso bulbosa* hat einen kurzen, dicht verzweigten Wurzelstock. Der ziemlich kurze Stengel, der von scheidenähnlichen Blättern eingehüllt ist, entspringt einer Stammknolle. Neben der Jahresknolle sitzen ein oder zwei ältere Knollen. Aus der Stammknolle wächst auch ein einziges Krautblatt, auf der Oberseite breit, oval, dunkelgrün und netzartig geädert, purpurfarben auf der Unterseite. Am Stengel wachsen bräunliche Blattscheiden und das rosa Stützblatt der Blüte. Die großen, rosafarbenen Blüten stehen einzeln. Die Lippe hat einen vorderen, hellen, platten Teil und einen rückwärtigen, braungestreiften, der vertieft und zu einem Doppelsporn verlängert ist. Am Eingang sitzen gelbe Haarbüschel. Die anderen Blütenblätter sind schmal, rosa bis rotviolett. Die nach Vanille duftenden Blüten haben keinen Nektar, werden aber sehr oft von Hummelweibchen besucht und bestäubt. Die Blüte ist sehr gut an die Bestäuber angepaßt. Die Pollinien sind durch einen Mantel geschützt und das Rostellum verhindert den Kontakt zwischen männlichen und weiblichen Organen. Die Hummel muß tief in die Blüte hineinkriechen, um die Sporne zu erreichen, und wird von Teilen der Blüte fest umschlossen. Wenn sie sich herauszieht, heften sich die Pollinien auf einer bestimmten Stelle des Insektenrückens an. Und nur wenn die Pollinien dort sitzen, passen sie beim Besuch in einer anderen Blüte in deren Narbenhöhlung. Die Blüten der Blaubeeren, die gleichzeitig mit der *Calypso bulbosa* blühen, geben mit ihrem Nektar und ihrem Pollen den Hummeln Nahrung und sind die Voraussetzung für die Existenz der *Calypso bulbosa* im nördlichen Klima.

Die *Calypso bulbosa* wächst in feuchten, moosigen Wäldern, gerne bei modernden Stämmen und Stümpfen. Verbreitet ist sie – außer in Skandinavien – in Nordrußland und Asien. In Deutschland wurde sie noch nicht gefunden.

Sporn

Weiße Waldhyazinthe, *Platanthera bifolia* (L.) L. C. Rich *ssp. bifolia*

platos: breit; *anthera:* Staubgefäß; *bifolia:* zweiblättrig

Mystik, Volksglauben und Naturromantik umwoben zu allen Zeiten diese graziöse, weiße Schönheit unserer Orchideenflora. Ihr nelkenähnlicher Wohlgeruch, die in der Abenddämmerung vor den Blüten tanzenden Nachtfalter, die vermeintlich heilende und potenzverleihende Kraft der Wurzelknollen bewirkten zusammen mit ihrer Schönheit und ihrem häufigen Vorkommen, daß sie, vielleicht mehr als eine andere Orchidee, bekannt, beschrieben und natürlich gepflückt wurde. Sie ist eine unserer häufigsten Arten und gehört zu einer Orchideengruppe mit ungeteilten Wurzelknollen und breiten Blättern. Die beiden Wurzelknollen der Weißen Waldhyazinthe sind eirund und in einer langen Spitze ausgezogen.

Der bis zu einem halben Meter lange Stengel entspringt einer nahrungsspeichernden Knolle des Vorjahres und trägt an der Basis ein paar große, zungenähnliche und etwas höher einige kleine, schmale Blätter. Der große, lockere, aber reiche Blütenstand trägt weiße bis gelbweiße, gespreizte Blüten. Die Lippe ist gleichbleibend schmal und hat einen langen, schmalen, gekrümmten, nektarreichen Sporn. Die Kanten des Gynostemiums sind so gestellt, daß die beiden Staubbeutelfächer parallel stehen. Unter jedem Fach sitzt eine Klebescheibe. Die Weiße Waldhyazinthe blüht von Mai bis Juli. Ihr Wohlgeruch verstärkt sich gegen Abend und lockt Nachtschmetterlinge, vor allem Schwärmer und Motten, die den Nektar in dem tiefen Sporn erreichen können. Beim Besuch des Insekts haften sich die Klebescheiben an die Basis des langen Saugrüssels, und die Pollinien werden herausgezogen. Das Pollinium schwenkt sodann den keulenförmigen Teil nach vorn und heftet sich so an die Narbe der später besuchten Blüten.

Fruchtstand

Die Weiße Waldhyazinthe wächst in sehr wechselndem Milieu: in pflanzenreichen Wäldern, Wiesen, Heiden, Mooren, an Sumpf- und Grabenrändern bis in 2300 m Höhe.

Berg-Waldhyazinthe, *Platanthera chlorantha* (Cust.) Richb.

chlorantha: mit grünen Blättern

Die wenigsten Nichtbotaniker wissen, daß wir zwei Waldhyazinthenarten im Lande haben – ein nahe verwandtes Artenpaar. Manchmal jedoch ist der Naturwanderer überrascht, eine kräftige, hochgewachsene, vielleicht sehr schwach duftende Waldhyazinthe zu finden. Diese in der Regel in allen Teilen größere Art mit grünweißen Blüten wächst manchmal mit der Weißen Waldhyazinthe zusammen. Vergleicht man die Blüten beider Arten genauer, stellt man fest, daß die Staubbeutelfächer bei der Weißen Waldhyazinthe parallel und dicht beieinander stehen, bei der Berg-Waldhyazinthe weit voneinander getrennt und nach oben zusammenlaufend einen Winkel bilden. Der zylindrische, breite Blütenstand hat häufig eher locker sitzende, vorspringende Blüten mit breiten seitlichen Blütenblättern. Die Bestäubung geht ungefähr auf die gleiche Art wie bei der Weißen Waldhyazinthe vor sich. Durch die Lage der Klebescheibe und der Pollinien heften sich diese auf die vorstehenden Augen des Insekts. Der Duft der Berg-Waldhyazinthe ist umstritten. Es gibt glaubwürdige Berichte sowohl über stark duftende als auch über nicht duftende Exemplare. Hier wären genauere Untersuchungen beider Arten und deren Hybriden angebracht. Die Berg-Waldhyazinthe scheint schattigere Umgebung und kalkhaltigen Boden mehr als die Weiße Waldhyazinthe vorzuziehen. Sie wächst vor allem in Hainen, Wäldern und Buschgelände. Sie ist seltener als die Weiße Waldhyazinthe.

Fruchtstand

Dadurch, daß ihr Wurzelsystem stark vom Pilzpartner durchwoben ist, kann sie sich auch an schattigen, erdreichen Standorten mit Nahrung versorgen. Sie blüht von Mai bis Juli. Die Fruchtstände tragen charakteristisch aufrecht stehende Samenkapseln. Diese Art findet sich ebenso in wärmeren, trockeneren Gegenden Europas und Asiens. In großen Höhen gedeiht sie schlechter. Besonders im Norden ist sie vorwiegend auf Küstengegenden konzentriert. In Nordamerika wie in Ostasien gibt es viele nahe verwandte Arten der *Platanthera*. Die Familie hat insgesamt ca. 50 Arten. Früher wurden die Waldhyazinthen zur Familie der *Habenaria* gerechnet, jedoch ist diese Gattung jetzt für tropische, artverwandte Orchideen reserviert.

bifolia

chlorantha

Platanthera oligantha Rurcz.
oligo: wenige; *anthos:* Blüten

In der Gesellschaft der Netz-Weide und anderer Gebirgspflanzen finden wir die *Platanthera oligantha*, eine der seltensten Orchideen der nördlichen Halbkugel. Sie ist kaum 10 cm hoch und hat einen kurzen Blütenstand mit nur wenigen, duftlosen Blüten. Der Stengel trägt unter dem Blütenstand ein schmales Hochblatt und am Fuße ein größeres, ovales Blatt. Die Kelchblätter sind gelbweiß mit grünem Einschlag. Die Lippe ist schmal, zungenähnlich und trägt einen kurzen Sporn. Es ist möglich, daß Mücken die Pflanze bestäuben. Die *Platanthera oligantha* blüht sporadisch und ist im Hochgebirge beheimatet.

Die bekannten europäischen Vorkommen – etwa 10 – liegen in Nordschweden und Nordnorwegen. In Deutschland wurde *Platanthera oligantha* noch nie gefunden. Neben den skandinavischen Vorkommen tritt diese in Europa sehr seltene Orchidee vor allem im nördlichen Asien auf. Eine verwandte Art, *Platanthera obtusa*, die oft mit *P. oligantha* verwechselt wurde, wächst in großen Teilen Nordamerikas.

Platanthera hyperborea (L.) Lindl.
hyperborea: sehr nördlich

Auf Islands Wiesengründen wächst ziemlich häufig die vierte Orchidee des Nordens aus der Familie *Platanthera*, die *Platanthera hyperborea*. Sie ist eine ziemlich robuste, dicht- und vielblütige Orchidee, manchmal hochgewachsen. Die Basis des Stengels wird von einem breiten, kurzen Blatt tütengleich umgeben. Die übrigen breiten, lanzettförmigen Blätter sind über den Stengel verteilt. An der Spitze gehen sie in das Hochblatt des Blütenstandes über. Die gelbgrünen Blüten werden sowohl als duftlos, als auch als wohlriechend beschrieben. Es ist wahrscheinlich, daß sich die Blüten selbst bestäuben. *Platanthera hyperborea* kommt nur auf der nördlichen Halbkugel vor. Sie gedeiht in ziemlich wechselndem Milieu: verschiedene Arten von Wiesengründen, Heidemoos und Heiden. Sie kommt vor allem auf Island und Grönland vor sowie in Ostasien und Nordamerika.

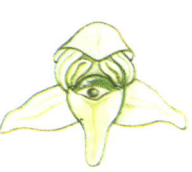

oligantha

hyperborea

Grüne Hohlzunge, *Coeloglossum viride* (L.) Hartm.

koilos: hohl, *glossa:* Zunge, *viride:* grün

In feuchten Hainen und Wäldern, wo die Grüne Hohlzunge oft wächst, ist die Pflanze schwer zu entdecken. Sie wird leicht übersehen und niedergetreten, denn sie hat keine Kontrastfarben, die sich gegen all das Grün abheben könnten. Am Fuß des Stengels sitzen zwei größere stumpfe, breite, ellipsenförmige Blätter, weiter oben ein paar schmalere, spitze Blätter. Das unterirdische System besteht aus stark gelappten Wurzelknollen. Der grüne bis gelbgrüne Blütenstand trägt unregelmäßig gedrehte Blüten und ein etwas gespreiztes Stützblatt. Die schwach duftenden Blüten haben eine lang ausgezogene, hängende, dreizipflige Lippe. Die anderen Blütenblätter sitzen wie eine Haube oder ein Helm über der Lippe. Der Sporn ist kurz. Die Grüne Hohlzunge blüht von Mai bis Juni. Die Blüten werden von verschiedenen Kleininsekten besucht. Die Klebescheiben an der Mündung des Sporns heften die Pollinien am Kopf des Insekts an. Die sich allmählich horizontal nach vorne richtenden Pollinien treffen dann leicht die Narbe einer anderen Blüte. Die Bestäubung ist offensichtlich wirksam, denn die Pflanze setzt früh und reichlich Samen an. Die Grüne Hohlzunge wächst im Gebirge bis zu 2700 m Höhe. In Asien erreicht sie sogar 4000 m. Sie liebt kurzrasige, magere, bodensaure Alpenwiesen und Weiden, Waldlichtungen und Holzschlagplätze. Im norddeutschen Flachland fehlt sie.

Die nördlichen Typen der Grünen Hohlzunge sind dunkler in der Farbe. Die Grüne Hohlzunge ist im Gebirge oft kleinwüchsig und hat stark rot- bis purpuroder braungefärbte Stengel und Blüten. Manchmal werden diese Typen als Unterart eingestuft, aber es gibt Übergangsformen. Die Grüne Hohlzunge bildet Hybriden mit einer Vielzahl anderer Orchideen folgender Gattungen: *Orchis, Dactylorhiza* und *Gymnadenia.* Die Hybride mit Geflecktem Knabenkraut ist an einigen Orten im Norden bekannt.

Die Grüne Hohlzunge ist über größere Gebiete Mittel- und Nordeuropas verbreitet, auch in Asien und Nordamerika. In Deutschland kommt sie in Mittel- und Hochgebirgen vor. Über ihre Häufigkeit lassen sich jedoch schwer korrekte Aussagen machen, da sie, wie oben erwähnt, leicht übersehen wird.

Gebirgsform

Weißzüngel, *Leucorchis albida*

leucos: weiß; *orchis:* Orchidee; *albida:* weiß

Diese Orchidee findet man in größerer Anzahl nur noch im Gebirge. Man kann zwei Unterarten, *Leucorchis albida ssp. straminea* und *Leucorchis albida ssp. albida,* unterscheiden.

Die unterirdischen Teile werden beim Weißzüngel aus tiefen und vielfach gespaltenen Wurzelknollen sowie horizontalen Wurzeln gebildet, die von Pilzfäden durchwoben sind. Der locker mit Blättern besetzte Stengel ist ziemlich kurz und trägt einen dichten, zylindrischen Blütenstand. Die würzig duftenden Blüten sind von schmutzigweißer oder blaßgelber Farbe, manchmal mit grünem Einschlag. Sie sind glockenförmig und sitzen in Reihen übereinander. Die dreizipflige Lippe hat einen keulenartigen Sporn mit Nektar. Er ist beutelähnlich bei *straminea,* gleichmäßig dick bei *albida.* Bienen und Schmetterlinge, aber auch andere Insekten scheinen vom Blütenduft angelockt zu werden. Die Bestäubung geht auf ungefähr dieselbe Weise wie bei den Artverwandten – Grüne Hohlzunge und Weiße Waldhyazinthe – vor sich. Auch Selbstbestäubung kommt vor. Dabei fallen die Pollinien direkt auf die Narben der älteren Blüten.

Das Weißzüngel ist nicht kalkabhängig und kann auf recht unterschiedlichen Bodenformen wachsen. Die Unterart des Gebirges (*straminea*) kommt selten in niedrigeren Höhen vor. Die zweite Unterart (*albida*) findet sich auf sehr trockenem Gelände: Heide, Viehweide, Wiesen und Hügeln. Da sie in sehr offenem Terrain gedeiht, haben Verbuschung und verlassene Weidewirtschaft zu ihrem Verschwinden beigetragen. Man findet sie über größere Teile Europas verbreitet; bei uns wächst sie im Mittelgebirge und in den Alpen von 1500 bis 2300 m Höhe. Sie blüht von Mai bis September. Das Gesamtverbreitungsgebiet umfaßt – neben Nord- und Mitteleuropa – das nördliche Rußland, Nordamerika, Grönland und die Faröer.

Schwarzes Kohlröschen, *Nigritella nigra* (L.) Rchb. f.
niger: schwarz (wegen der düsteren Blütenfarbe)
Diese Orchidee ist, obwohl sie nicht zu den hochgewachsenen Orchideen zählt, von auffallendem Aussehen und ausgeprägter Schönheit. In den Alpenländern
wetteifert sie mit dem Edelweiß um Aufmerksamkeit
und hat unzählige Namen erhalten. Die tief purpur- bis
schwarzroten, fast kugelförmigen Blütenstände zeichnen sich hübsch gegen die offene Vegetation der Wiesen ab. Der kantige, robuste Stengel trägt unten dichtsitzende, lanzettartige, gleichmäßig breite, weiter oben
kürzere, steil aufwärts gerichtete Blätter. Die Wurzelknollen sind tief gespalten. Die Einzelblüten sitzen
dicht an einem langen Stützblatt. Durch den nicht gedrehten Fruchtknoten ist die Lippe nach oben gerichtet.
Sie hat ungefähr die gleiche Form wie die übrigen Blütenblätter, ist aber etwas breiter und trägt einen sack-
artigen Sporn. Durch die sternförmig ausgebreiteten
Blütenblätter haben die Blüten keinen typischen Orchi-
deencharakter. Die kräftig gefärbten Blüten, die unter
anderem zum Färben von Branntwein verwendet werden, duften sehr stark nach Vanille. Über die Bestäubungsvorgänge des Schwarzen Kohlröschens ist wenig
bekannt, aber es wird berichtet, daß Schmetterlinge eif-
rige Besucher und wahrscheinlich auch die Bestäuber
seien. Blütezeit ist von Mai bis September.
Will man die Massenblüte des Schwarzen Kohlröschens
erleben, muß man sich in die Alpen begeben. Auf den
fruchtbaren alpinen Bergwiesen, weit entfernt von der
Zivilisation, wächst es in großen Mengen – am liebsten
in Höhen von 1000 bis 2000 m. Es bewohnt ziemlich
trockenes, kalkreiches Weide- und Wiesenland, z. B. in
Sennereiwirtschaften. Manchmal kann es auch in subalpinen, offenen Waldungen auftauchen.
Auf dem Kontinent kommt ein ostalpiner, etwas abwei-
chender Typ vor, der manchmal als Unterart, manchmal als eigene Art betrachtet wird: *Nigritella miniata*
oder *Nigritella rubra.* Es ist nicht sicher, ob beide Typen
wirklich im System verschieden sind. Es soll auch erwähnt werden, daß die beiden nahe verwandten Gattungen *Nigritella* und *Gymnadenia,* die bereits früher
zusammengefaßt waren, nun wiederum von einigen
Forschern gemeinsam unter *Gymnadenia* geführt werden. Arten beider Gattungen wachsen oft beieinander
und die Unterscheidung kann schwerfallen, da oft Hybriden und Zwischenformen entstehen.

Mücken-Handwurz, *Gymnadenia conopsea* (L.) R. Br.
gymnos: nackt; *aden:* Drüse; *conos:* Mücke; *opsis:* aussehend

Eine Wiese mit Mücken-Handwurz wirkt wie ein Pastellgemälde in Rosa und Violett. Massenvorkommen dieser eleganten Orchidee kann man immer noch sehen, jedoch zunehmend seltener. Die Mücken-Handwurz ist aber nach wie vor eine ziemlich häufige Orchidee. Manchmal wird sie einen halben Meter hoch und endet in einem langen, dichten, spitzen Blütenstand. Am Fuß des Stengels sitzen einige lange, gleichmäßig breite, rinnenförmige Blätter. Die Wurzelknollen sind in zweizipflige Lappen geteilt.

Die Mücken-Handwurz blüht von Mai bis August. Die Blütenfarbe wechselt manchmal von reinweiß zu rosa, blaß-rotviolett und purpurrot. Die Lippe ist breit und dreizipflig, der Sporn lang, fast fadenförmig und mit Nektar gefüllt. Der Duft der Blüten wird unterschiedlich beschrieben, meist jedoch als würzig, etwas nach Nelken riechend. Er verstärkt sich gegen Abend. Die Mücken-Handwurz lockt offenbar sowohl Tag- als auch Nachtfalter an. Insekten mit ihren langen Rüsseln, die Nektar suchen, kommen mit den schmalen, frei herausgestellten Klebescheiben in Kontakt und nehmen die Pollinien mit. Diese neigen sich nach vorne, und ihre losen Pollenpakete haften leicht an der Narbe einer anderen Blüte (S. 15).

Die Mücken-Handwurz variiert stark in Farbe, Aussehen und Größe; es gibt anscheinend viele Formen und Rassen. Auf nassem Grund wächst ein kräftigerer, dunklerer, spätblühender Typ mit breiteren Blättern (Randbild). Dieser kann eine Höhe von einem Meter erreichen und ist als Varietät *densiflora* (dichtblühend) beschrieben worden.

Die Gesamtverbreitung erstreckt sich über die euroasiatische Zone und reicht im Süden nach Persien und zum Mittelmeergebiet. Aus Skandinavien kennt man Hybriden mit Weißer Handwurz, Weißer Waldhyazinthe und *Dactylorhiza*-Arten. Die Mücken-Handwurz wächst häufig auf kalkhaltigen Böden, auf feuchten Wiesen, Bergmatten und in lichten Wäldern bis 2400 m.

Wohlriechende Handwurz, *Gymnadenia odoratissima* (L.) L. C. Rich

Ihr lateinischer Name deutet an, daß es sich bei ihr um eine besonders stark- und wohlriechende Orchidee handelt. Gegen Übertreibungen bei Duftbeschreibungen sollte man im allgemeinen skeptisch sein. Die Auffassung eines Geruchs ist in hohem Grad subjektiv. Zum Teil heißt es, daß der Duft zwischen Wohlriechender Handwurz und Mücken-Handwurz variiert, zum Teil, daß kein Unterschied vorhanden ist. Die Wohlriechende Handwurz soll am Tage stärker duften. Diese Orchidee ist der Mücken-Handwurz sehr ähnlich, jedoch normalerweise in allen Teilen kleiner. Der zarte Stengel trägt an der Basis sehr schmale, gleichbreite, lange Blätter; etwas darüber – wie bei der Mücken-Handwurz – einige kurze. Der Blütenstand ist schmal, die Blütenfarbe sehr häufig blaß bis rotviolett. Manchmal kommen purpurrote, weiße oder gelbweiße Formen vor; die letztgenannte wird als „*ochroleuca*" bezeichnet. Das Aussehen der Blüten unterscheidet sich in vielen Details von der Mücken-Handwurz, jedoch bemerkt man vor allem den bedeutend kürzeren Sporn – ungefähr von der Länge des Fruchtknotens. Die Lippe ist stumpfer gelappt. Es gibt kaum Aufschlüsse über das Bestäubungsverhalten der Wohlriechenden Handwurz; wahrscheinlich ähnelt es dem der Mücken-Handwurz.

Die Wohlriechende Handwurz ist vor allem auf kalkhaltigen Moorgründen – Kalksümpfen und Quellmooren – heimisch. Aber sie wächst auch auf anderen, im Winter und Frühjahr nassen Böden. Sie benötigt mehr Feuchtigkeit als die Mücken-Handwurz und wächst bis in 2200 m Höhe. Ihre Blütezeit ist von Juni bis August. Die Gesamtverbreitung ist auf Europa begrenzt und weist selbst dort große Lücken auf. In vielen Gegenden ist sie rar, man findet sie hauptsächlich in den Gebirgszügen Mitteleuropas ostwärts bis Mittelrußland. Hier wächst sie in offenem Gelände, in Nadelwäldern und an Flüssen. Durch Austrocknung und andere Kulturmaßnahmen ist auch diese Orchidee bedroht, besonders im flachen Land.

Kapuzen-Nacktdrüse, *Neottianthe cucullata*

neottianthe: Blüten ähnlich Neottia; *cucullata:* kapuzenartig. Abb. S. 82 Mitte und unten.

Sie ist eine zentraleuropäisch-asiatische Art mit Hauptvorkommen in Rußland, China und Japan. Ihre westlichsten Vorkommen liegen in Ostpreußen, Polen und dem Baltikum. Die Blüten sitzen einseitig am Stengel an, der an seiner Basis zwei breite Blätter trägt. Die Blütenblätter sind spitzig und zu einer Haube oder Tüte geschlossen. Die Lippe ist hell fleischfarben.

Holunder-Knabenkraut, *Dactylorhiza sambucina* (L.) Soo

dactylos: Finger; *rhiza:* rot; *sambucina:* nach Flieder duftend

Das Holunder-Knabenkraut tritt in zwei Farbvarietäten auf, von denen die gelbblühende als Stammform bezeichnet wird, die rotblühende als *var. rubra.* Die Wurzelknollen, die lange Zeit Gegenstand der Volksphantasie waren, erinnern an zwei aneinandergedrückte menschliche Körper, der eine hell (dieses Jahres), der andere dunkel (des Vorjahres). Die gespaltenen Wurzelknollen (bei dieser Art stumpf zweigespalten) sind einer der Gründe, weshalb eine Anzahl Orchideen aus der großen Familie *Orchis* herausgelöst und mit ihnen eine eigene Gattung *Dactylorhiza* (vgl. S. 100) gebildet wurde. Die Farbformen und ihre interessante Verteilung und Ausbreitung bilden einen genetisch-ökologischen Problemkomplex, der noch viele Fragen in sich birgt. In der Fachliteratur wird die gelbweiße Form als typische bezeichnet. Diese ist auch die häufiger vorkommende.

Die Blüten sitzen in einer dichten Ähre über einem langen Stützblatt. Die Lippe ist breit und unklar dreigespalten, der Sporn ziemlich lang und kräftig. Bei den gelben Formen ist die Lippe rotviolett getüpfelt, bei den roten gibt es eine gelbe Farbzeichnung. Die Blütezeit dauert nur kurz, und die Pflanze welkt bald dahin. Der Blütenduft erinnert an Flieder. Viele Arten der *Orchis, Dactylorhiza* und verwandte Orchideen haben einen ähnlichen, hochentwickelten Bestäubungsmechanismus (S. 14).

Die Verbreitung ist im allgemeinen auf Zentral- und Südeuropa beschränkt, wo das Holunder-Knabenkraut als Bergpflanze wächst. Das Holunder-Knabenkraut, das von April bis Juni blüht, liebt kalkarme Böden und höhere Lagen bis 1800 m.

Fleischrotes Knabenkraut, *Dactylorhiza incarnata*
(L.) Soo *ssp. incarnata*
incarnata: fleischfarben

Fleischrotes Knabenkraut ist der Sammelname für eine
große Anzal von Formen, Abarten, Hybriden und öko-
logischen Rassen, die zu einer Kollektivart, *Dactylorhiza incarnata*, geführt haben. Viele Untergruppen wurden mit Namen benannt, manchmal als eigene Arten.
Die Vielfalt der Typen beruht teils auf der sehr häufigen Hybridbildung innerhalb der Art und mit anderen
Arten, teils auf einer Variation, die oft das Ergebnis einer Milieubeeinflussung ist (sog. Standortmodifikation).
Auf dieser und den folgenden Seiten werden die ein-
deutigen Typen innerhalb des Komplexes beschrieben,
sowie eine Reihe von Varietäten, soweit sie als Arten
oder Unterarten betrachtet werden können.

Die Orchideen des ganzen Formenkomplexes zeichnen
sich durch aufrecht stehende, sehr oft ungefleckte, spitze Blätter, einen derben, gleichmäßigen, etwas kantigen
Stengel und einen zylindrischen Blütenstand mit her-
vortretendem Stützblatt aus. Das Fleischrote Knabenkraut ist eine mittelgroße Orchidee mit ungefleckten,
schmalen, lanzettähnlichen Blättern. Die Blütenähre ist
ziemlich klein und schmal, das Stützblatt hat ungefähr
die Länge der Blüten. Die Blüten sind rotviolett, selten
hellrot. Die schwach gelappte Lippe hat dunklere Farbzeichnungen. Der Sporn ist nach unten gebogen. Die
Blüten variieren beträchtlich in der Farbzeichnung (vgl.
Bild). Albinoformen sind selten.

Fruchtstand

Das Fleischrote Knabenkraut ist kalkliebend. Es gedeiht auf feuchtem Grund: Wiese, Sumpf, Strand; man
trifft es auch auf kultivierten Böden an. Blütezeit ist Mai
bis Juli. Die Kollektivart Knabenkraut wächst über
große Teile Europas und Südwestasiens und ist im gesamten nördlichen Bereich – außer Island – verbreitet.
Eine hochgewachsene, breitblättrige Art mit dichtem
Blütenstand und langen Stützblättern ist die Varietät *la-
tissima*, die früher als das typische Knabenkraut angesehen wurde. Ein Teil der Botaniker betrachtet sie als eine
üppig wuchernde Modifikation.

Strohgelbes Knabenkraut, *Dactylorhiza incarnata* (L.)
Soo ssp. *ochroleuca* (Boll) Hunt & Summerh.

ochros: blaß; *leucos:* weiß

Das Strohgelbe Knabenkraut, eine hochgewachsene, dichtblütige, gelbweiße Orchidee, ist eine der leichter erkennbaren Abarten der *Dactylorhiza incarnata.* Manchmal wird sie als eigene Art bezeichnet. Es ist umstritten, inwieweit die Orchideenfärbung systematische Bedeutung hat. Ein Teil der Forscher ist der Meinung, daß wir es mit zwei Komplexen zu tun haben: einerseits Strohgelbes Knabenkraut, andererseits weißgelbblühendes Fleischrotes Knabenkraut. Bisweilen treten rote Orchideentypen mit Einschlag von gelb und weiß auf, die Übergänge zwischen reingelben und weißen Formen bilden. Es ist möglich, daß auch das Strohgelbe Knabenkraut zwei Farbformen besitzt. Die typischen Blüten des Strohgelben Knabenkrauts sind knochenbis gelbweiß bei stärkerer Gelbfärbung der Lippe. Im übrigen weicht diese Art vom Fleischroten Knabenkraut unter anderem durch etwas größere Blüten und breite Blätter an der Basis ab. Das Strohgelbe Knabenkraut blüht von Ende April bis Ende Juni in Flachmooren Bayerns und Badens.

In England und einigen anderen Regionen Westeuropas wächst eine stattliche Orchidee, die ein sehr ansprechendes Aussehen hat, wenn sie in Mengen vorkommt. Es ist eine dem Fleischroten Knabenkraut nahe stehende Orchidee, die oft als eigene Art betrachtet wird, *Dactylorhiza praetermissa.* Die purpurrosa bis reinroten Blüten sind größer als beim Fleischroten Knabenkraut. Die Lippe ist kreisrund, sehr breit und flach mit zahlreichen kleinen, roten Flecken. Der Sporn ist fast nach oben gebogen. Der bekannten Ausbreitung nach zu urteilen – England und benachbarte Länder – ist diese Abart ausgeprägt westeuropäisch. Jedoch ist es möglich, daß sie anderorts übersehen wird. Es wurde auch schon behauptet, daß sie zum Hybridenkomplex *Dactylorhiza incarnata* mit *Dactylorhiza maculata* gehöre.

Blutigrotes Knabenkraut, *Dactylorhiza incarnata* (L.)
Soo *ssp. cruenta* (Müll.) Seil
cruenta: blutig

Die *Dactylorhiza cruenta* ist eine farbenprächtige Orchidee. Die ganze Pflanze ist stark braun, rot oder purpurfarben. Manchmal sieht sie braungebrannt, manchmal wie mit Blut oder Farbe besprizt aus. Die dunklen Flecken, die auf beiden Blattseiten, am oberen Teil des Stengels und auf dem Stützblatt vorkommen, sind im Aussehen unterschiedlich. Manchmal überziehen sie das ganze Blatt, manchmal bilden sie Ringe oder mehr oder weniger stark gefärbte kleine Tupfen. Die systematische Einordnung der *Dactylorhiza cruenta* ist, ähnlich der anderer Typen innerhalb des Knabenkrautkomplexes, umstritten. Übergangsformen gibt es immer.

Die dunkel-purpurroten und gefleckten Blüten sitzen in einer dichten Ähre. Der oft kurzgewachsene und kräftige Stengel trägt dichtsitzende, verhältnismäßig breite Blätter. Die Pflanze liebt Kalk und wächst im Moor und auf feuchten Wiesen – gerne auf Strandwiesen –, tritt aber auch auf kultiviertem Boden auf. In den Alpen gedeiht sie manchmal bis in Höhen von 2000 m. Die Gesamtausbreitung umfaßt Einzelgebiete Nord- und Zentraleuropas.

Eine mit *Dactylorhiza cruenta* in Aussehen und Verbreitung übereinstimmende, aber nicht kalkabhängige Art ist *borealis*. Sie hat in der Regel ungefleckte, kurze, schmale Blätter und ist in jeder Hinsicht zarter als das Blutigrote Knabenkraut. Der Knabenkrautkomplex bildet leicht Hybriden mit anderen *Dactylorhiza*-Arten. Manchmal entstehen große, einheitliche Wachstumsformen. Die Hybriden, die oft hochgewachsen sind, können manchmal fruchtbar sein, auch Wiederkreuzungen mit den älteren Arten können vorkommen. Diese Hybriden erschweren die Orientierung innerhalb der *Dactylorhiza* und deren Untergruppen zusätzlich. Die Wirklichkeit stimmt nicht mit den Beschreibungen und Bildern der Flora überein. Die häufigste Hybride ist *Dactylorhiza incarnata* mit *fuchsii*. Einige dieser Knabenkrauthybriden sind der bereits erwähnten Art *Dactylorhiza praetermissa* sehr ähnlich. Die zeitweise reichlich vorkommende Hybridbildung wurde sehr oft erst durch die Kulturmaßnahmen des Menschen möglich. Es wurde ein Milieu geschaffen, in dem sich Elternarten begegneten und demzufolge Hybriden etablieren konnten.

Übersehenes Knabenkraut, *Dactylorhiza praetermissa*

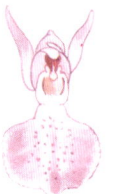

praetermissa: übergangen, nicht erwähnt

Die *Dactylorhiza praetermissa* gehört zur großen Gruppe der Arten, Unterarten und Hybriden des Fleischroten Knabenkrauts *Dactylorhiza incarnata* und ist oft übersehen oder zu ähnlichen Orchideentypen gestellt worden. Einige Forscher behaupten, daß diese Orchidee sehr wohl das Resultat einer Hybridisierung zwischen dem Fleischroten Knabenkraut und *Dactylorhiza fuchsii* sein kann.

Dactylorhiza praetermissa unterscheidet sich vom Fleischroten Knabenkraut unter anderem durch ihre ziemlich großen Blüten mit großer, abgerundeter, flacher oder schalenförmiger Lippe. Die Blütenfarbe variiert stark von blaß-violettrosa zu lilarot. Stärker gefärbte Formen werden manchmal mit *Dactylorhiza purpurella* verwechselt. Der Stengel ist oft höher und derber als beim Fleischroten Knabenkraut und trägt viele breite, lanzettähnliche, etwas graugrüne Blätter, die in der Regel ungefleckt sind. Die Orchideen, die bisher unter dem Namen *Orchis* oder *Dactylorhiza pardanina* geführt wurden, werden nunmehr als eine Form der *Dactylorhiza praetermissa* mit gefleckten Blättern bezeichnet.

Man findet diese Orchidee vor allem in kalkreichen Gegenden, aber auch auf vielen anderen nassen Bodenarten, wo sie zusammen z. B. mit Riet- und Elchgras wächst. Manchmal kommt sie im Dünengebiet, auf Kreideklippen, im Kreidebruch vor. *Dactylorhiza praetermissa* blüht später als das Fleischrote Knabenkraut – von Juni bis Mitte Juli.

Sie tritt oft sporadisch auf und ist somit als relativ seltene Art bekannt. Außer in Südengland soll sie in Teilen Nordfrankreichs, Belgiens, Hollands und Deutschlands gedeihen. Die Ausbreitung ist ziemlich unsicher, eine Tatsache, die auch für andere, oft verwechselte Typen des *Dactylorhiza maculata*- und *Dactylorhiza incarnata*-Komplexes gilt. Auch im Norden, z. B. aus Norwegen, wurde über Funde berichtet. Deutsche Fundorte liegen im nördlichen Rheinland und Niedersachsen.

Breitblättriges Knabenkraut, *Dactylorhiza majalis* (Rchb.) Hunt & Summerh.

majalis: Mai

Das Breitblättrige Knabenkraut ist eine häufige Orchidee in großen Teilen Mitteleuropas. Sie steht dem Fleischroten Knabenkraut nahe und bildet einen ähnlich großen Formenkomplex. Einige Botaniker rechnen ihm auch die auf den beiden folgenden Seiten beschriebenen Orchideen zu. Hier merkt man, wie unsicher die Abgrenzung der Arten ist. Vermutlich bilden sämtliche *Dactylorhiza*-Arten außer *sambucina* einen einzigen großen Komplex von untereinander hybridisierenden Gruppen (Arten, Unterarten oder wie man sie nennen will). Das war die Ursache einer Vielfalt oft schwer zu unterscheidender morphologischer und ökologischer Rassen.

Das Breitblättrige Knabenkraut ist eine ziemlich hochgewachsene Orchidee mit derbem, kantigem Stengel, der nach oben etwas rot anläuft. Am Fuß des Stengels sitzen kurze, rundliche Blätter. Von den übrigen Blättern sind die tiefer sitzenden kürzer und schmäler und gehen in Stützblätter über. Die Blätter sind auf der Oberseite schwarzrot bis purpurrot gefleckt. Der dichte, blumige Blütenstand ist rundlich oder eiförmig. Das Stützblatt ist länger als die Blüte. Diese ist rosa bis purpurrot mit dunkel gepunkteter Lippe, die zwei rhombenartige Seitenlappen und einen kurzen Mittellappen hat. Der Sporn ist kurz und ziemlich gerade.

Das Breitblättrige Knabenkraut blüht von Ende Mai bis Ende Juli. Die kalkliebende Pflanze ist in Sümpfen, Überflutungsgebieten und auf feuchten Wiesen zu Hause. Sie reagiert deshalb empfindlich auf Trockenlegung oder ähnliche Kulturmaßnahmen. Sie wächst sowohl im Flachland als auch in den Bergen in Höhen bis 2500 m.

Der Haupttyp des Breitblättrigen Knabenkrauts ist weit über Europa verbreitet, im Süden bis zu den nördlichen Gebieten des Mittelmeeres.

Purpurblütiges Knabenkraut, *Dactylorhiza purpurella*
(T. & T. A. Steph.) Soo
purpurella: purpurfarben

Diese Orchidee ist mit dem Breitblättrigen Knabenkraut verwandt und wird manchmal dieser Art zugerechnet. Einige Forscher sind der Ansicht, daß die *Dactylorhiza purpurella* aus Hybriden hervorgegangen ist. Sie ist gewöhnlich kleiner als das Breitblättrige Knabenkraut. Der kräftige, in der Regel gerillte Stengel trägt viele ziemlich dicht sitzende, weite, grüne Blätter. Diese sind schräg nach oben gerichtet und haben eine haubenförmige Spitze. Öfter kommen Exemplare mit zur Spitze hin kleinfleckigen Blättern vor. Die Blüten variieren in der Farbe von hell- oder rosarot bis dunkelpurpurrot und sitzen in einer dichten, kräftigen Ähre. Die Blütenlippe ist breit, schwach dreilappig und etwas schalenförmig. Sie hat dunkelfarbige, unregelmäßige Linien und Flecken, die stärker als beim Fleischroten Knabenkraut hervortreten. Der Sporn ist ziemlich dick und derb.

Das Purpurblütige Knabenkraut blüht spät im Hochsommer. Über die Bestäubungsvorgänge ist wenig bekannt. Hybriden mit anderen *Dactylorhiza*-Arten, besonders mit *maculata,* sind innerhalb des gesamten Verbreitungsgebietes häufig. In anderen Teilen des Verbreitungsgebietes findet man *Dactylorhiza purpurella* auf nassem Wiesen- und Moorland, an den Küsten manchmal auf überspülten Klippen.

Diese Orchidee ist ausgeprägt westeuropäisch mit konzentrierter Verbreitung in Irland, England und Schottland. Jedoch ist die Ausbreitung nicht vollständig bekannt. Auch in der Bundesrepublik wurde über Einzelfunde berichtet, die in Nordwestdeutschland liegen. Da die Art sehr schwierig zu bestimmen und abzugrenzen ist, muß sie über Jahre hinweg beobachtet werden, bis ihr Vorkommen als gesichert betrachtet werden kann.

Fruchtstand

Traunsteiners Knabenkraut, *Dactylorhiza traunsteineri* (Saut. ex Rchb.) Soo

nach J. Traunsteiner, Apotheker in Tirol

Die Orchideen, die zu dieser Art gerechnet werden, bilden einen Formenkomplex, der noch nicht ganz erforscht ist. Einige Botaniker rechnen sie dem Fleischroten Knabenkraut zu. Traunsteiners Knabenkraut zeigt eine große Vielfalt in Aussehen und Milieuanforderungen. Bestimmte Wachstumsformen gleichen anderen *Dactylorhiza*-Gruppen, speziell den Typen des Fleischroten Knabenkrauts. Typische Exemplare der *Dactylorhiza traunsteineri* erkennt man jedoch ziemlich leicht an den wenigen schmalen, fast linealischen und meist etwas gedrehten Blättern. Diese sind an der Oberseite oft stark gefleckt, aber es kommen Variationen vor, und die Flecken können manchmal auch ganz fehlen. Ein anderes Kennzeichen ist die dreizipflige Lippe mit stark hervortretenden, längeren Mittellappen. Die ganze Orchidee wirkt feingliedriger als das Fleischrote Knabenkraut. Die Wurzelknollen, die in verschiedener Höhe sitzen, haben fast fadenförmige Ausläufer. Die großen Blüten auf kurzem, lockerem Blütenstand sind leuchtend hellrot oder purpurrot mit dunkleren Zeichnungen auf der Lippe. Der Sporn ist ziemlich lang, dick und stumpf.

var. blyttii

Traunsteiners Knabenkraut blüht im Juni und Juli. Eine nördliche Varietät *blyttii* findet man auch auf abgeweideten und unkultivierten Bergwiesen. Diese Abart, die manchmal *pseudocordigera* genannt wird und zweitweise den Rang einer eigenen Art erhält, ist kleingewachsen. Sie hat kürzere, breitere, fast ovale Blätter und dunkel- bis purpurrote Blüten.

Traunsteiners Knabenkraut gilt als selten. Die Fundorte liegen in kalkarmen, ziemlich nährstoffreichen Quell- und Hochmooren im Südschwarzwald, Alpenvorland und den Alpen.

var. blyttii

Geflecktes Knabenkraut, *Dactylorhiza maculata* (L.)
Soo *ssp. maculata*

Bei Wanderungen im Wald und offenem Gelände kann man im Frühjahr diese Orchidee sehr häufig finden. Das Gefleckte Knabenkraut erkennt man ziemlich gut an den flachen, breiten, bläulichgrünen, gefleckten Blättern. Die unteren sind schmal, zungenförmig, mit stumpfer Spitze. Der hohe und zarte Stengel trägt einen dichten, pyramiden- oder eiförmigen Blütenstand. Die Blüten sind von hellviolettem Grundton. Die breite Lippe ist platt, dreizipflig mit dunkleren Markierungen in Form von Linien, Strichen und Flecken. Die Blüten sind sehr variabel, unter anderem was Form und Farbe der Lippe betrifft. Die Bestäubung wird vor allem von Bienen, Hummeln und Fliegen vorgenommen.

Die große Variationsmöglichkeit der Blüten findet man auch hinsichtlich der Blattform, Größe etc. Das verursacht große Schwierigkeiten, den *Dactylorhiza-maculata*-Komplex in angemessener Weise aufzuteilen. Die beiden Haupttypen, die hier herausgegriffen wurden, werden manchmal als Arten oder Unterarten unterschieden.

maculata

Die nordischen Wachstumsformen scheinen jedoch morphologisch nicht immer einem der beiden Haupttypen zugerechnet werden zu können. Auch einige weitere speziellere Abarten sind in Nordeuropa unterschieden worden: *kolaensis,* eine Gebirgsart mit kräftig gefärbten Blättern und die Varietät *islandica,* eine nur auf Island wachsende Art mit kurzer Ähre und purpurroten Blüten.

Das Gefleckte Knabenkraut wächst von Juni bis August auf Urgestein und Kalk, auf feuchtem Wald- und Wiesenboden, aber auch auf Moos- und Heideland bis in 2200 m Höhe. Die Art ist weit verbreitet in Europa und in Teilen Nordasiens.

Dactylorhiza ericetorum

Es gibt in Europa viele Typen von *Dactylorhiza maculata.* Eine in England häufige Form oder Unterart wird manchmal als eigene Art, *Dactylorhiza ericetorum* (*ericetorum:* der Heide), unterschieden. Sie ersetzt dort *Dactylorhiza maculata,* von der sie schwer zu trennen ist. Die Blüten haben einen schmalen, schwach gebogenen Sporn und schmale Blätter. Man findet sie oft auf kalkarmen Heiden und mäßig nassen Moorböden zusammen mit Glocken-Heidekraut. Dieser Orchideentyp dürfte in großen Teilen Nordeuropas zu finden sein.

fuchsii

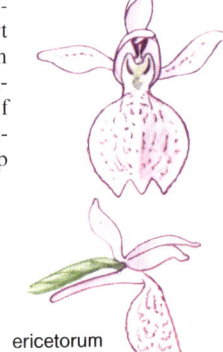

ericetorum

Dactylorhiza fuchsii, Dactylorhiza maculata (L.) Soo ssp. *fuchsii* (Druce) Hyl.

fuchsii: nach A. Fuchs, Orchideenspezialist

In feuchten, offenen Wäldern und Waldsäumen findet man manchmal eine hochgewachsene, ziemlich blattreiche und vielblütige Doppelgängerin des Gefleckten Knabenkrauts. Diese hat keinen gebräuchlichen Namen, könnte aber *Dactylorhiza fuchsii* genannt werden.

Die beiden Haupttypen innerhalb des Artkomplexes oder die Kollektivart *Dactylorhiza maculata,* wie sie hier aufgenommen wurde, stellen zwei Formengruppen mit verschiedener Chromosomenzahl dar: die eine ist diploid, die andere tetraploid. Die diploide Gruppe trägt den Namen *fuchsii.* Die typischen Exemplare dieser Gruppe sind auch im Aussehen und ökologisch sehr verschieden von *maculata.*

Der hohe Stengel trägt sehr oft viele Blätter. Das unterste ist spatelförmig, breit, oval und nach vorne ziemlich kurz gerundet. Der Blütenstand ist zuerst konisch, später zylindrisch. Die Blüten unterscheiden sich von *ma-*

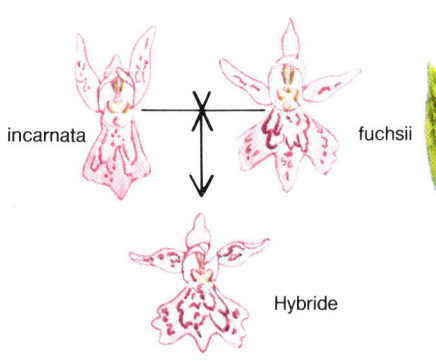

incarnata   fuchsii

Hybride

culata durch die dunklere Farbe und eine breite, stark gezipfelte Lippe mit langem Mittellappen und dickem Sporn. Die Lippenzeichnungen sind kräftig. Bei uns kommt *Dactylorhiza fuchsii* meist an schattigen Orten vor: feuchte, lockere Wälder, Sumpf, Waldmoor, Bachsenken, etc. – immer auf kalkreichem Boden. Manchmal entstehen sehr hochgewachsene, kräftige und reichblühende Hybriden mit dem Fleischroten Knabenkraut. Deren Blätter sind stark gefleckt, oft mit einer Mischung von Ringen und Flecken, ähnlich den fleckigen Formen von *Dactylorhiza praetermissa.*

Die Gesamtverbreitung der *Dactylorhiza fuchsii* ist unzureichend bekannt, dürfte aber im großen und ganzen derjenigen der *Dactylorhiza maculata* entsprechen.

Hybride

Sumpf-Knabenkraut, *Orchis palustris* Jacg.

palustris: im Sumpf wachsend

Die Gattung *Orchis* wurde 1940 in zwei Familien geteilt, sorgfältig getrennt nach Aussehen und Chromosomenverhältnissen. Die nun zur Gattung *Orchis* gehörenden Orchideen sind unter anderem durch runde Wurzelknollen und schmale, hautdünne Stützblätter im Blütenstand gekennzeichnet, *Dactylorhiza* durch gelappte Wurzelknollen und blattähnliche, oft kräftige Stützblätter.

Das Sumpf-Knabenkraut hat einen ziemlich zarten, hohen Stengel und wenige grasähnliche, aufrecht stehende Blätter. Der lockere Blütenstand ist sehr hervorstechend, weil die Blüten ungewöhnlich groß sind. Sie leuchten purpurrot und sitzen auf purpurfarbenen Stützblättern. Die breite, gegen die Mündung des Sporns dunkel gepunktete Lippe hängt gerade herunter. Der Sporn ist ziemlich lang, dick und schräg nach oben gerichtet. Er birgt keinen freien Nektar. Die Bestäubungsvorgänge sind ungefähr die gleichen wie bei der Mehrzahl der *Orchis*-Arten (S. 14). Das Sumpf-Knabenkraut blüht von Mai bis Juni. Ziemlich bald nach der Blüte bilden die *Orchis*-Arten einen neuen Trieb, der überwintert. Das Sumpf-Knabenkraut unterscheidet sich jedoch von den übrigen Arten, da die Nebenwurzeln erst im folgenden Jahr hervorkommen.

Auf nassen Moorböden und Sumpfwiesen gedeiht das Sumpf-Knabenkraut am besten und steht dort sehr oft locker eingewurzelt. Diese Orchidee der Moorgründe ist natürlich durch Austrocknung und Trockenlegung verdrängt worden. Man findet sie nur noch sehr selten im Tiefland Badens und Oberbayerns.

Die Ausbreitung des Sumpf-Knabenkrauts umfaßt Mitteleuropa und Teile Südeuropas, ostwärts bis Südrußland. Im südlichen Teil des Gebietes kommt eine nahe verwandte, ähnliche Art vor, das **Lockerblütige Knabenkraut,** *O. laxiflora.* Es hat einen lockeren, lichten Blütenstand mit kräftig roten bis purpurvioletten Blüten und oft stark purpurgefärbten Stützblättern und Stengeln.

O. laxiflora

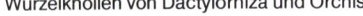

Wurzelknollen von Dactylorhiza und Orchis

Spitzels Knabenkraut, *Orchis spitzelii* Saut. ap. Koch

spitzelii: A. von Spitzel, Entdecker der Art (1853)
Spitzels Knabenkraut kann mit dem Stattlichen Knabenkraut verwechselt werden. Die Blüten von Spitzels Knabenkraut unterscheiden sich durch den nach unten gerichteten, konischen Sporn und die helmartig hochgewölbten Kelchblätter, die sich deutlich ins Grüne verfärben. Der Blütenstand leuchtet deshalb auch nicht so intensiv rotviolett wie beim Stattlichen Knabenkraut. Er ist zylindrisch mit etwas einseitig ausgerichteten, häufig hervortretenden Einzelblüten. Die blaß rotviolette Lippe hängt gerade herunter. Selten kommen auch reinweiße Blüten vor. Das sehr seltene Spitzels Knabenkraut blüht von Anfang Juni bis Anfang Juli.

Auf Gotland hat sich Spitzels Knabenkraut in den letzten Jahrzehnten ausgebreitet und ist vielerorts bekannt geworden. Man kann es in großen Mengen finden, besonders an bestimmten strandnahen Stellen mit lockerem Kiefernwald, wo es in trockener Heidevegetation im Gebüsch der Beerentraube wächst. Spitzels Knabenkraut kommt auf vielerlei trockenen, kalkreichen Böden wie Wegsäumen, Felsböden, unbeweidetem, offenem Gelände und im lichten Wald vor. Es scheint von Trockenlegung, Rodung und Auflassung der Weidewirtschaft begünstigt zu sein. Das umstrittene Roden und Salzen entlang der Wegränder könnte hier ab und zu eine günstige Wirkung auf die Ausbreitung der vielleicht seltensten europäischen Orchisart haben. In der Bundesrepublik ist kein Fundort bekannt. Neben dem Vorkommen auf Gotland ist je ein einziger Standort (!) im Vorarlberg und Salzburger Land beschrieben worden. Die Verbreitung von Spitzels Knabenkraut umfaßt Südeuropa von Spanien im Westen bis zur Türkei im Osten. Die Fundorte liegen jedoch sehr verstreut. Diese Tatsache sowie die klare genetische Stabilität der Art begründet die Ansicht, daß es sich um eine ziemlich alte Art mit restlichen Vorkommen in der Gegenwart handelt.

Bärentraube Arctostaphylos uva-ursi

Stattliches Knabenkraut, *Orchis mascula* (L.) L.
mascula: männlich

Das Stattliche Knabenkraut hat einen kräftigen, teilweise purpurfarbenen Stengel. Die fast in Rosettenform gestellten Blätter können dunkelgrün oder unregelmäßig schwarzrot gefleckt sein. Die Lippe ist lang, herunterhängend, der Sporn aufwärts gebogen. Die Blütenfarbe wechselt mehr als bei den übrigen Orchisarten: von leuchtendem Purpur bis hellrosa oder reinweiß. Die dunkel getüpfelte Lippe ist heller als die übrige Blüte. Sogar der Geruch variiert. Gewöhnlich ist er unangenehm (nach Katzenurin), aber es kommen manchmal auch schwach nach Vanille duftende Formen vor. Die Blüten werden von Bienen und Hummeln bestäubt. Die Bestäubungsvorgänge sind ziemlich gut bekannt. Der Bestäubungsmechanismus und die Anpassung Blüte – Insekt sind hochentwickelt (vgl. S. 14).

Das Stattliche Knabenkraut wächst vor allem auf kalkreichem Boden und in allen lichten Milieuformen. Man findet es reichlich auf Wiesen, Hügeln und in Hainen, aber auch im Laubwald, an Sumpfrändern und auf kultiviertem Land bis in 2000 m Höhe, in Süddeutschland häufiger als im Norden.

Das Stattliche Knabenkraut wächst in größeren Teilen Europas, in Nordafrika und Westasien. Hybriden mit Spitzels Knabenkraut und Kleinem Knabenkraut treten auf.

Blasses Knabenkraut, *Orchis pallens*
pallens: blass

Das Blasse Knabenkraut hat stark duftende, gelbe Blüten mit grünem Einschlag und breite, lanzettförmige Blätter. Es blüht von April bis Juni, liebt Kalk und wächst in verbuschtem Gelände bis in 1950 m Höhe.

O. pallens

Kleines Knabenkraut, Narrenkäppchen, *Orchis morio* L.

morio: Narr

Das Kleine Knabenkraut war vor 50 bis 100 Jahren eine sehr häufige Orchidee, vielleicht die verbreitetste innerhalb großer Gebiete Süd- und Mitteleuropas. Es konnte oft an geeigneten Stellen zu vielen Tausenden auftreten und die ganze Gegend purpurrot färben. Ein allgemeiner Rückgang zeigt sich jedoch im ganzen Verbreitungsgebiet, besonders deutlich sichtbar in Teilen Mitteleuropas, wo es in Weidegebieten ausgestorben ist. Vermutlich liegt dies an geänderten Nutzungsmethoden und intensiver Kunstdüngung.

Das Kleine Knabenkraut ist eine kleingewachsene Orchidee mit derbem Stengel, der von einer Vielzahl scheidenförmiger Blätter eingehüllt ist. Unten sitzen viele Blätter mit länglichen, graugrünen Blattflächen. Diese Blattrosette ist immergrün. Der lockere Blütenstand wirkt an der Spitze wie abgehackt. Die Blütenblätter bilden einen deutlichen Helm. Der lateinische Name und der alte Name Narrenkäppchen weisen auf einen Blütenhelm hin, der einer Narrenkappe ähnelt.

Der Sporn ist an der Spitze gespalten und oft fast waagerecht gestellt: die Lippe ist sattelförmig, sehr oft in der Mitte leuchtend und dunkel gepunktet. Die Blütenfarbe variiert stark in allen Nuancen von rot. Die helmartigen Kelchblätter sind dunkel gestreift und spielen etwas ins Grüne. Bei weißblühenden Exemplaren können sie fast reinweiß sein. „Sie ist ein Meister der Verstellungskunst und kann sich je nach den Umständen ganz zu einer Lichtgestalt verwandeln, weiß und glänzend, und im nächsten Augenblick wie ein Dämon der Dunkelheit hervorgleiten, im düsteren Schwarzviolett wie mit einer in Asche gepuderten Narrenkappe angetan" (C. Areskog in „Ein Buch über Öland").

Das Kleine Knabenkraut blüht von April bis Juli. Die Blüten werden von Bienen und Hummeln bestäubt. Der Sporn hat keinen freien Nektar. Das Kleine Knabenkraut gedeiht auf ungedüngten Wiesen bis in 1600 m Höhe. Die Gesamtverbreitung umfaßt den größeren Teil Europas, Teile Vorderasiens und Nordafrikas. Manchmal treten Hybriden zwischen Kleinem Knabenkraut und Stattlichem Knabenkraut auf, die schwer von den beiden Ausgangsarten zu unterscheiden sind.

Brand-Knabenkraut, *Orchis ustulata L.*

ustulata: verbrannt

Über seine Reise nach Öland vermerkte Linné: „Die *Orchis militaris minima* (heute O. ustulata), wird hier Pulverbrenner genannt, ein Name, der hervorragend zutrifft: denn die Ähre trägt rote Blüten wie Feuer, aber an der Spitze kleinere, noch nicht geöffnete, schwarze Blüten, wie vom Brand gezeichnet". Das Brand-Knabenkraut erkennt man leicht an der kontrastreich gefärbten Blütenähre und der fast schwarzen Spitze. Es ist eine kleine Orchidee mit ziemlich zartem Stengel. Unten sitzen gewöhnlich drei breite, kurze, nach außen gerichtete Blätter. Das oberste umschließt den Stengel und bildet den Übergang zu den oberen, scheideförmigen Blättern, die eine braune Spitze haben. Die Entwicklung der blühenden Pflanze ist bei dieser Orchidee eigentümlich. Ein Pilz-Wurzelstock, der viele Jahre benötigt, um heranzuwachsen, versorgt durch den Pilzpartner die Pflanze mit Nahrung. Das Rhizom wird sodann durch Wurzelknollen und Wurzeln ersetzt (vgl. S. 16).

Fruchtstand

Der Blütenstand ist eine zylindrische Ähre mit abgerundeter Spitze. Die Blütenblätter bilden einen Helm, der bei den oberen braunviolett bis schwarzrot, sodann heller rot bis rotviolett und bei den untersten Blüten blaßrot ist. Die gespaltene Lippe trägt ziemlich gleichmäßig angeordnete rote Flecken auf weiß- bis rosafarbenem Grund. Die Blütenfarbe scheint innerhalb der Art konstant zu sein. Blütezeit ist der Monat Juni. Die stark und süß duftenden Blüten werden von verschiedenen Insekten besucht; es ist nicht klar, welche Insektenart der häufigste Bestäuber ist.

Das Brand-Knabenkraut wächst einzeln oder in Gruppen und entwickelt sich am besten auf kalkreichem Boden an grasigen, trockenen Hängen der montanen und subalpinen Zone in Höhen bis zu 2000 m. Es blüht von Ende April bis Juni. Die Gesamtverbreitung erstreckt sich über Europa von England im Westen bis nach Westsibirien im Osten.

Purpur-Knabenkraut, *Orchis purpurea* Huds.

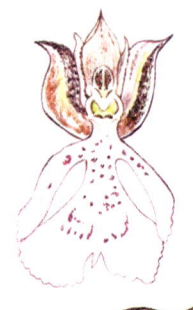

Diese größte der Orchisarten erweckt mit ihrem stattlichen Wuchs und ihren kontrastreichen Farben den Eindruck einer tropischen Orchidee. Durch die Blütenfarbe gleicht sie einer Riesenausgabe des Brand-Knabenkrauts, erinnert aber ebenso an ihre nahe Verwandte, das Helm-Knabenkraut.

Der derbe Stengel, der im günstigsten Fall einen Meter hoch werden kann, trägt an der Basis eine rosettenähnliche Ansammlung glänzend grüner, breiter Blätter. Die Blätter duften ähnlich wie die Blüten schwach nach frischem Heu. Der lange, zylindrische Blütenstand ist dichtblumig und nach oben gerundet, nach unten lichter. Er zieht sich während der Blüte mehr auseinander, so daß die unteren verwelkten Blätter und Früchte weit voneinander entfernt am mittleren Abschnitt des Stengels sitzen. Die braunvioletten bis purpurfarbenen Blütenblätter schließen sich hauben- oder helmartig um das Gynostemium. Die weiße oder blaß rotviolette, zyklamenfarbige Lippe ist dreigespalten mit breitem grünem Einschnitt. Gruppen purpurroter Haare (Papillen) lassen die Lippe dunkel gepunktet erscheinen. Die Lippenform ist veränderlich, und der Mittellappen ist manchmal ganz, manchmal nur leicht gezackt oder fast gekräuselt.

Das Purpur-Knabenkraut blüht von Mai bis Juni. Über die Bestäubungsvorgänge ist wenig bekannt. Die Blüten werden, wie verlautet, sporadisch bestäubt, die Aussaat ist schlecht. Die Pflanze liebt kalkhaltige Böden und wächst vor allem in lichteren, hellen Partien des Laubwaldes sowie an Waldsäumen und in Kiefernwäldern. Ab und zu kann man sie auch auf offenen, pflanzenreichen Wiesen antreffen. Als mehr oder weniger ausgeprägte Waldpflanze dürfte sie eine der Orchideen sein, die durch mäßige Verwachsung und Verbuschung begünstigt werden.

Bei uns kommt das Purpur-Knabenkraut sehr selten und nur in Süddeutschland vor. Man findet es vor allem in Süd- und Mitteleuropa bis zum Mittelmeer. Außerdem wächst es im Kaukasus, Kleinasien und Nordafrika. Die Gesamtverbreitung ist im großen und ganzen die des Helm-Knabenkrauts. Hybriden zwischen beiden Arten treten oft auf.

Helm-Knabenkraut, *Orchis militaris* L.

Eine Gruppe des hochgewachsenen Helm-Knabenkrauts ist ein prachtvoller Anblick.

Das Helm-Knabenkraut hat große, eirunde Wurzelknollen und einen hohen, kräftigen Stengel. An der Basis sammelt sich eine Anzahl breiter, dicker, hellgrüner, ungefleckter Blätter mit deutlichen Blattnerven. Ein paar scheidenförmige Blätter umschließen den Stengel. Der vielblütige, breit eiförmige Blütenstand macht, bevor die kontrastreichen Blüten geöffnet sind, einen matten Eindruck. Die Außenseite der äußeren Blütenblätter ist nämlich matt grauviolett oder graurot, auf der Innenseite dagegen klarer violett und purpurrot mit deutlich gefärbten Nerven. Der lateinische Pflanzenname bezieht sich auf die hochgeschlossene und gewölbte Form der Blüte, die einem Ritterhelm mit offenem Visier ähnelt. Die Blütenlippe hat ungefähr dieselbe Form wie die des Brand-Knabenkrauts: ähnlich einem Körper mit ausgestreckten Gliedern. Der hellere Mittellappen trägt purpurrote Haare oder Papillen. Der Sporn ist kurz und gekrümmt. Hummeln, Bienen und Fliegen wurden auf den schwach duftenden Blüten beobachtet. Es ist nicht sicher, inwieweit diese Insekten auch die tatsächlichen Bestäuber sind.

Das Helm-Knabenkraut wächst auf kalkreichem Boden, auf Wiesen, in lichten Wäldern und grasigen Hängen bis in 1800 m Höhe. Es besiedelt leicht neues Gelände und breitet sich bei Gelegenheit schnell aus, z. B. auf stillgelegten Äckern oder verlassenem Weideland. Es gedeiht auch auf kultiviertem Boden: Weg- und Uferrändern etc.

In Kalkgegenden Mitteleuropas ist diese Orchidee eine der häufigsten. Sie kommt in weiten Teilen Europas mit nördlichen Vorposten auf den kalkhaltigen Gebieten rund um die Ostsee vor – ostwärts bis zum Baikalsee. In Deutschland fehlt sie nur im Nordwesten. Sie blüht von Ende April bis Ende Mai.

Fruchtstand

Affen-Knabenkraut, *Orchis simia*

Die *Orchis simia* erinnert an einen kleinen Affen oder eine Stoffpuppe. Der „Körper" wird von der gespaltenen Lippe gebildet, die an der Basis zwei schmale Lappen, die „Arme" hat. Der breitere Mittellappen ist in zwei lange Lappen, die „Beine", und einen kurzen Mittellappen, den „Schwanz" geteilt, der für einen Affenschwanz eigentlich zu kurz ist. Sämtliche Lappen sind an der Basis weiß und an den Enden violettrot. Die übrigen Blütenblätter umschließen das Gynostemium, den „Kopf" des Affen. Die zu einer Haube zusammengebogenen äußeren Blütenblätter sind weiß bis hellviolett mit dunkleren Streifen und Tupfen. Der mittlere Lappen der Lippe ist mehr oder weniger mit kleinen, rotvioletten Haarbüscheln gepunktet. Reinweiße Blüten kommen selten vor.

Eigentümlich ist, daß sich bei dieser Orchidee zuerst die Blüten an der Spitze des dichten, gerundeten, kurzen Blütenstandes öffnen. Das Affen-Knabenkraut blüht im April und Mai.

Die Blüten duften schwach nach frischem Heu. Die Bestäubungsvorgänge sind im Detail nicht bekannt, aber die Bestäubung dürfte wahrscheinlich vor allem von Bienen besorgt werden.

Die *Orchis simia* kann sehr hoch werden, manchmal bis zu einem halben Meter oder mehr. Der Stengel trägt 5 bis 6 dunkelgrüne bis reingrüne Blätter. Die unteren sind breit und oval, die oberen schmaler und umschließen den Stengel.

Diese Orchidee bevorzugt kalkreiche und etwas trockene Böden. Sie gedeiht in sonnigem offenem Grasland, an Waldsäumen, in offenem Buschwerk und ähnlichem Gelände.

Orchis simia ist verwandt mit *Orchis militaris*, *Orchis purpurea* und *Orchis ustulata*. All diese *Orchis*-Arten haben schmale Stützblätter bei den Blüten, und die Blütenblätter sind mehr oder weniger zu einer Haube oder einem Helm hochgeschlossen. Hybriden zwischen *Orchis simia* und *Orchis militaris* kommen vor.

Das Verbreitungsgebiet des Affen-Knabenkrauts umfaßt Teile West- und Mitteleuropas von Belgien und England im Norden bis einschließlich des Mittelmeergebiets im Süden und Teile Rußlands, Kleinasiens und Persiens. Im Gebiet der nördlichen Vorposten, z. B. in England, ist es sehr selten. Bei uns ist es fast nur in Süd-Baden zu finden.

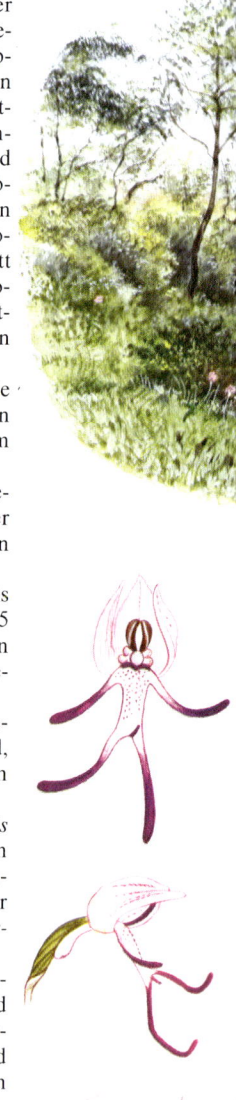

Neotinea intacta

neo: neu; *tinea:* nach dem Botanikprofessor Tineo in Palermo (18. Jahrhundert); *intactus:* unberührt, ganz

Diese Orchidee, die einzige ihrer Gattung, hat eine eigentümliche Verbreitung. Sie ist eigentlich eine typisch mediterrane Art, hat aber Vorposten auf der Isle of Man und in Kalkgebieten im westlichsten Irland, Gebieten, die im übrigen eine selten reichhaltige und abwechslungsreiche Flora haben. Es ist möglich, daß sie anderenorts übersehen wurde. Die Verbreitung wird damit erklärt, daß die Art während wärmerer klimatischer Perioden eine größere Ausbreitung hatte und nun ein Überbleibsel in einem Gebiet mit warmem ozeanischem Klima und günstigen Bodenverhältnissen darstellt.

N. intacta, die manchmal der Weißen Waldhyazinthe zugerechnet wird, hat mehr oder weniger eiförmige unterirdische Knollen. Vom überwinternden Trieb geht ein bis zu 30 cm hoher Stengel mit ziemlich schmaler und dichter Blütenähre hervor. Die Blätter sind in der Regel innerhalb des Hauptverbreitungsgebietes purpurgefleckt. Die irländischen Wachstumsformen tragen sehr oft ungefleckte Blätter, deren unterste zwei oder drei groß, breit und zungenähnlich sind. Der Stengel wird nach oben von einer Anzahl schmaler, hellgrüner Blätter umgeben. Der zierlich-elegante Blütenstand trägt dichtsitzende Blüten, die unregelmäßig ausgerichtet sind. Bei näherem Hinsehen bemerkt man die besondere Schönheit der kleinen, blaß violettrosa, weißen und grünen Blüten. Die weißrosa Lippe ist dreigeteilt, mit etwas breiterem Mittellappen. Ein kurzes spornähnliches Gebilde ist vorhanden. Die restlichen Blütenblätter stellen eine nach vorne gerichtete Haube mit deutlich hervortretenden, stärker gefärbten Nerven dar.

N. intacta blüht zeitig im April und Anfang Mai. Die Bestäubungsvorgänge sind kaum bekannt, jedoch kommt Selbstbestäubung leicht vor und scheint die Regel zu sein.

Im Mittelmeergebiet wächst die *N. intacta* häufig in Hartlaubgehölzen oder in immergrünen Eichen- und Kiefernwäldern an der Küste, kommt jedoch auch auf felsigem, klippenähnlichem Grasboden vor. In Irland wächst sie auf Grasböden innerhalb ausgeprägter Kalksteingebiete. Südliche Orchideen können anscheinend in nördlichen Gebieten auf warmen, küstennahen Kalksteinböden gedeihen. Die Gesamtverbreitung umfaßt die westlichsten Teile Südeuropas und das Mittelmeergebiet. Die Art kommt auch in Nordafrika, auf Madeira und den Kanarischen Inseln vor.

Hundswurz, *Anacamptis pyramidalis* (L.) L. D. Rich.

anakampto: aufrichten; *pyramidalis:* pyramidenförmig
Tuber Salep ist ein pharmazeutischer Ausdruck für ein
Präparat aus den schleimigen Wurzelknollen einer Vielzahl von Orchideen. Salep kommt von einem arabi-
schen Wort, das Fuchshoden bedeutet. Der Salep-
schleim wurde früher bei uns als reizlinderndes Mittel
verwendet. Im Orient galt er lange als potenzsteigernd.
Unsere seltene Hundswurz wurde allerdings in geringem Ausmaß zu medizinischen Zwecken verwendet. Es
ist eine charakteristische und farbstarke Orchidee, die
am besten in warmem und trockenem Milieu gedeiht.
Die Gattung *Anacamptis* ist verwandt mit *Orchis* und
hat wie diese gerundete Wurzelknollen. Der manchmal
halbmeterhohe, zartgliedrige Stengel hat nach oben
kleine, kurze, nach unten größere, lanzettähnliche Blätter. Der dichte Blütenstand bildet eine breite, flachge-
rundete Pyramide. Die Blüten sind stark rot, violett
oder purpur gefärbt, selten weiß. Sie sind wohlriechend
und ohne freien Nektar. Drei Blütenblätter bilden einen
Helm über der breiten, dreizipfligen Lippe. Diese hat
zwei nach oben gewölbte Kanten oder Falten und einen
fadendünnen, langen Sporn. Die Bauweise der Blüten
bedingt eine ausschließliche Bestäubung durch Schmetterlinge. Dies ist eines der vielen Beispiele einer lang
dauernden Anpassung. Ein Schmetterling ist durch die
Lippenfalte gezwungen, den Saugrüssel gerade nach
vorn durch einen Tunnel in die Blüte zu stecken. Die
Pollinien sind mit einer gemeinsamen sattelförmigen
Klebescheibe in einem beutelähnlichen Gebilde eingeschlossen. Die Klebescheibe schließt sich um den Saugrüssel des Insekts (vergl. Randbild). Die Pollinien neigen sich sogar nach vorne und können somit die beiden
Narben beim Besuch in einer anderen Blüte treffen.
Der Schmetterling erhält Nektar durch Zerreißen der
Zellen des dickwandigen Sporns.
Die Hundswurz blüht im Hochsommer von Juni bis
Juli. Die Blüte tritt zum ersten Mal nach einer Wachs-
tumsdauer von 5 bis 10 Jahren ein. Während dieser
Zeit ist die Pflanze stark von ihrer Mykorrhiza abhän-
gig. Blätter und Triebe überwintern. Sie ist selten und
gedeiht auf Kalkböden an sonnigen Berghängen im Ge-
büsch und auf Heide- und Torfwiesen bis zu 1700 m.
Die Hundswurz ist eine süd-euro-asiatische Art, deren
Gesamtverbreitung sich über Süd- und Mitteleuropa,
Nordafrika und Westasien erstreckt.

Fruchtstand

Riemenzunge, *Himantoglossum hircinum*

himas: Riemen, Zügel; *glossa:* Zunge; *hircinus:* Bock

Die Riemenzunge ist eine der eigentümlichsten Orchideen Europas. Man erkennt sie sofort und wundert sich über ihr Aussehen: ein hochgewachsenes, merkwürdiges Gewächs, welches keinesfalls einer Orchidee ähnelt, wenn es nicht voll erblüht ist. Als erstes bemerkt man an der blühenden Pflanze den langen, streifenähnlichen, gedrehten Mittellappen der Lippe. Diese ist dreizipflig, mit zwei kurzen Seiten- und einem langen Mittellappen, der anfangs wie eine Uhrfeder aufgerollt ist. An der Basis ist die Lippe kraus und trägt kleine Papillen oder Haare. Die übrigen Kelchblätter bilden einen Helm über der Lippe. Der Sporn ist kurz, die Blütenfarbe graublaßgrün mit Einschlag von purpurbraun. Die Blüten bilden eine dichte, große und lange Ähre.

Die Pflanze hat viele volkstümliche Namen, die sich auf ihr eigenartiges Aussehen beziehen, z. B. Bocksorchis. Jedoch erinnert nicht nur der „Bart" an einen Ziegenbock, sondern auch der ungewöhnliche, scharfe Geruch, der vor allem Fliegen anlockt. Der unterirdische Teil der Pflanze besteht aus einer ei- bis spulenförmigen Knolle. Der kräftige Stengel ist von großen Blättern umgeben, deren untere breit, lang und spitz sind. Diese unteren Blätter werden im Herbst gebildet und überwintern. Zur Blütezeit sind sie oft verwelkt.

Die Riemenzunge wächst auf sonnigem, offenem, grasbewachsenem Gelände, am Waldrand, im Wacholdersumpf und in offenen Wäldern. Sie taucht auch in den Sanddünen Westeuropas auf und scheint ozeanisches Klima zu lieben. Im südlichsten Europa blüht sie bereits im April, in Nordeuropa im Juni bis Juli. Sie hat eine hauptsächlich süd-westliche Ausbreitung und ist in bestimmten Gebieten Südeuropas ziemlich häufig, in Mittel- und Nordeuropa nur gelegentlich anzutreffen. Die Verbreitung erstreckt sich im Norden bis Südostengland, Südholland, Südwestdeutschland, CSSR und Teile Österreichs. Die Riemenzunge, die im Mittelmeerraum vorkommt, wird als Unterart oder Varietät (*var. caprinum*) angesehen.

Ohnsporn, Fratzenorchis, *Aceras anthropophorum*
aceras: ohne Horn (Sporn); *anthropophorum:* menschentragend

Viele Orchideen erhielten sowohl ihre lateinischen als auch die volkstümlichen Namen aufgrund der Ähnlichkeit ihrer Blüten mit Menschen- oder Tierkörpern. Orchideen sind Pflanzen, die zu allen Zeiten die Phantasie bewegten, und nicht nur Botaniker studierten mit Verwunderung ihre Bauweise. Bei der Fratzen-Orchis gab nicht nur die Blütenform, sondern auch ihre blasse, gelbbraune Farbe Anregung zu ihrem Namen.

Die Gattung *Aceras* steht den *Orchis*, u. a. den Arten *O. simia* und *O. militaris,* nahe. Jedoch haben ihre Blüten im Unterschied zu Orchis keinen Sporn. Die unterirdischen Teile werden von eiförmigen Knollen und dicken Wurzeln gebildet. Der Stengel trägt viele Blätter, die unteren sind zungenähnlich, breit und stumpf, die oberen spitz und umschließen den Stengel. Die Blütenähre ist lang und ziemlich schmal.

Die „körperähnliche" Blütenlippe ist in „Rumpf, Arme und Beine" gelappt, die gerade herunterhängen und gelbrotbraun oder braungelb mit grünem Einschlag sind. Die restlichen Blütenblätter bilden zusammen eine blasser gefärbte Haube. Die Blüten duften schwach und etwas unangenehm. Die Pflanze selbst duftet indessen, ebenso wie Spitzels Knabenkraut und Helm-Knabenkraut, nach Cumarin. Besonders in trockenem Zustand tritt dieser schwache Duft nach frischem Heu zutage. Eine Menge verschiedener Kleininsekten, wie z. B. Fliegen, besuchen die Blüten, jedoch sind die Bestäubungsvorgänge nicht näher erforscht.

Der Ohnsporn gehört zu den kalkliebenden Pflanzen; man findet ihn vor allem am Waldrand, im Gebüsch und in offenem Waldgelände, auch in Bergwäldern, auf Wiesenböschungen, im Kalkbruch und auf ähnlichen Böden. Die Verbreitung umfaßt große Teile Europas, von England und Westdeutschland im Norden bis nach Nordafrika im Süden. Im Osten findet man sie selten in Griechenland und Klein-Asien. In nördlichen Teilen des Verbreitungsgebiets ist die Fratzenorchis selten. In jüngster Zeit ist sie offensichtlich von vielen Standorten verschwunden – Folge von Kultivierung, Bebauung und Waldpflanzung. Andernorts scheint sie neues, früher bebautes und jetzt verbuschtes Gelände in Besitz zu nehmen. Sie kann ebenso wie viele andere Orchideen aus der Verbuschung Nutzen ziehen, wenn diese nicht zu lange andauert und das Gelände völlig zuwächst.

126

Zwergorchis, Zwergstendel, *Chamorchis alpina* (L.) L. C. Rich.

chamorchis: am Boden, niedrig

Die Zwergorchis, eine unserer kleinsten und unscheinbarsten Orchideen, ist in der Wahl ihres Milieus extrem. Ihre Heimat liegt in den Alpen auf kalkhaltigen, steinigen Magermatten von 1700 bis 2700 m Höhe. Auf den alpinen Heiden ist sie tagsüber intensiver Strahlung, nachts der Kälte und scharfen Winden ausgesetzt. Die seltene *Chamorchis alpina* ist die einzige Art der Gattung. Sie hat ungeteilte, ovale Wurzelknollen und einen kurzen, kräftigen, etwas kantigen, blaß gelbgrünen Stengel, oft nur 5 bis 6 cm hoch. An der Basis des Stengels sitzen mehrere grasähnliche, ziemlich lange Blätter. Die kleinen Blüten, manchmal nur 6 bis 9 Stück, sitzen in lockerer Ähre über extrem kräftigen, grünen Stützblättern. Fünf Blütenblätter bilden einen Helm oder vorstehenden Schirm über der herabhängenden, zungenähnlichen, manchmal unklar gelappten oder gezähnten Lippe. Diese ist gelbgrün mit einer dunkleren grünen Kerbe. Sie hat keinen Sporn. Die Blütenfarbe ist grün mit einem Anflug von braun oder purpur. Die *Chamorchis alpina* duftet nicht. Es wird berichtet, daß sie von verschiedenen, für das alpine Milieu typischen Kleininsekten besucht wird. Die Selbstbestäubung ist wahrscheinlich die Regel. Die geschlossenen, verwelkten Blüten sitzen noch lange am Fruchtstand. Die Zwergorchis blüht von Juli bis August und tritt gewöhnlich in kleinen Kolonien auf. Man sieht sie oft in nieder- oder mittelalpinen, pflanzenreichen Berghalden auf kalkhaltigem Boden. Hier wächst auch das Weißzüngel und viele andere typische Gebirgspflanzen, wie etwa Enzian. Die Zwergorchis findet sich auch auf Vorsprüngen und Felshalden, die sich unter Bergabhängen bilden. In den Alpen ist sie daher oft zusammen mit dem Edelweiß zu sehen. An höhergelegenen Stellen kann man sie in fast vegetationslosen Bergregionen mit regnerischem, kaltem, windigem Klima finden. Außer in den skandinavischen Gebirgen wächst sie in den Berggegenden Europas: den Alpen, den Karpaten und den Bergen des Balkans. Sie kommt auch auf der Halbinsel Kola vor. Auf dem Kontinent, wo die *Chamorchis alpina* selten in Höhen unter 1500 m wächst, kann man ab und zu Kolonien von einigen Hunderten antreffen.

Fliegen-Ragwurz, *Ophrys insectifera* L.

ophrys: Augenbraue; *insectifera:* Insekten tragend

Viele Pflanzen weisen verblüffende und sinnreiche Einrichtungen auf, um sich an Bestäubung durch Tiere anzupassen. Zu den eigentümlichsten gehören die Mitglieder der Gattung *Ophrys,* deren hübsch gefärbte und ungewöhnlich geformte Blüten Insekten ähnlich sehen. Die meisten Arten sind im Mittelmeergebiet heimisch und stellen einen systematisch schwer einzuordnenden Formenkomplex dar.

Die Fliegen-Ragwurz hat keinen auffallenden Blütenstand, die Pflanze verschmilzt optisch oft mit der umgebenden Vegetation. Erst bei näherem Hinsehen entdeckt man die kurios gestalteten, farbsatten Blüten, die wie eine Reihe Insekten außen am hellgrünen Stengel sitzen. Die drei äußeren grünen Blütenblätter bemerkt man kaum. Es sind die übrigen Teile der Blüte, welche das „Insekt" ausmachen. Zwei schmale, braune Blütenblätter gleichen „Fühlern". Der „Körper" wird von der gespaltenen Lippe gebildet. Er ist wie von tiefrotem Samt bedeckt und hat in der Mitte einen blauen, metallisch glänzenden Fleck oder ein Band. Das Gynostemium stellt den „Kopf" dar.

Die Blüten, die weder Sporn noch freien Nektar haben, sondern Duftstoffe ab, die wie weibliche Sexuallockstoffe auf die Männchen zweier Hautflügler-Arten der Gattung *Gorytes* (*Argogorytes*) wirken. Die eine, *G. mystaceus,* scheint die Blüten frühzeitig während der Blüte zu besuchen, die andere, *G. campestris,* etwas später. Die Männchen werden von den Duftstoffen der Blüte dazu verleitet, sich auf ihr niederzulassen. Der Duft und die Lippe mit ihrer Haarstruktur, die sich wie das Weibchen bewegt, regen das Männchen dazu an, Paarungsbewegungen auszuführen. Dabei gerät das Insekt an die Pollinien, die sich an seinen Kopf heften. Die Pollinien richten sich sodann nach vorne und können dadurch auf der Narbe einer anderen Blüte anhaften (vgl. S. 14 und 15).

Die Fliegen-Ragwurz wächst auf kalkreichem Boden: in lichten Laub- und Nadelwäldern, an sonnigen, grasigen Hängen und Matten bis 1800 m. Die Gesamtverbreitung umfaßt, mit großen Lücken, Süd- und Mitteleuropa mit den Britischen Inseln. Bei uns wächst die Fliegen-Ragwurz vor allem in Süddeutschland, im Norden ist sie seltener. Sie blüht von Mai bis Juli.

Spinnen-Ragwurz, *Ophrys sphegodes*

ophrys: Augenbraue

Das faszinierende und komplexe Zusammenspiel zwischen Pflanze und Insekt bei der Gattung *Ophrys* ist, wie bereits früher beschrieben, innerhalb des Formenkomplexes im Mittelmeerraum (dem Hauptverbreitungsgebiet) reich entwickelt. Die Abhängigkeit von bestimmten Typen von Hautflüglern bei der Bestäubung der *Ophrys*-Formen wurde als Resultat einer schrittweisen, parallelen Evolution gedeutet. Die Ragwurz-Blüten haben sich hinsichtlich der Bestäubung an den Paarungsinstinkt der männlichen Hautflügler angepaßt. Die reichen Farb- und Formvariationen innerhalb dieser gut abgegrenzten und typischen Familie können damit erklärt werden, daß die Gattung jung und genetisch instabil ist. Verschiedene Faktoren regeln die Zusammenhänge zwischen Pflanze und Bestäuber. Der wichtigste Faktor, der bestimmt, welche Blüte von welchem Insekt bestäubt wird, scheint der Duftstoff oder die biologisch aktive Substanz zu sein, die von der Blüte ausgeht. Andere Faktoren sind die Blütenform und die Art und Weise, wie die Bestäubung durchgeführt werden muß. Die Hautflügler (Bienen), die hauptsächlich die Bestäuber der *Ophrys*-Formen im Mittelmeerraum sind, gehören den Arten *Andrena* (Sandbiene) und *Eucera* an.

Variationen von
O. sphegodes

Vor allem die Fliegen-Ragwurz geht in Nordeuropa in drei anderen Arten auf. Die Spinnen-Ragwurz (*O. sphegodes*), die ihre Hauptverbreitung in Süd- und Zentraleuropa hat, kommt auch vereinzelt in Südwest-England und im mittleren Deutschland vor. Diese Art kann bis zu 50 cm hoch werden. Der Stengel wird von einer Anzahl breiter, lanzettähnlicher, graugrüner Blätter umgeben. Die braune, fast runde, braunhaarige Lippe gleicht dem Hinterleib einer dicken Spinne. Ihre Farbe ist sehr unterschiedlich. Die glänzende, kahle Partie ist meist H-förmig und blau bis blauviolett.

Die äußeren Blütenblätter sind grün bis weißgrün, die inneren gelbgrün oder olivgrün. Die Blüten öffnen sich bereits im April. Die Bestäubung wird meist von Sandbienen (*Andrena*) vorgenommen. Verschiedene Duftformen sind bei verschiedenen Typen innerhalb dieses großen, noch nicht ausgeforschten Komplexes unterschieden worden.

Die Spinnen-Ragwurz wächst fast nur auf kalkreichem, offenem Gelände in kurzgewachsenem Gras. Verwachsung, aufgelassene Weidewirtschaft u. ä. machten diese Art in den nördlichen Teilen des Verbreitungsgebietes vielerorts selten.

Hummel-Ragwurz, *Ophrys fuciflora*

fuciflora: mit roten (purpurfarbenen) Blüten

Diese hübsche Art ist in letzter Zeit in ihrem nördlichen Verbreitungsgebiet sehr stark zurückgegangen. In England fristet sie ein kümmerliches Dasein an wenigen Orten im Süden (Kent). Die Ursache scheinen geänderte Bodenverhältnisse, aufgelassene Weidewirtschaft und Verbuschung zu sein. Die Hummel-Ragwurz zeichnet sich durch die phantasievollsten und schönsten Variationen in Blütenfarbe und Lippenmuster aus: Die kurzen, breiten äußeren Kelchblätter sind beim Haupttyp violettrosa, können jedoch auch weiß bis purpur sein oder verschiedene Nuancen von Grün haben. Die sehr viel kleineren inneren Blütenblätter haben die gleichen Farbvariationen. Die dicke, braunhaarige Lippe ist breit, vierkantig oder etwas abgerundet bis herzförmig mit einer aufgerichteten, manchmal geteilten, meist gelblichen Spitze. Der kahle Teil der Lippe ist oft braun bis braunviolett und variiert im Aussehen. Er wird von helleren, weißlichen Rändern und Flecken wie von einer Art Kragen begrenzt. Ein oder mehrere kreisrunde Stellen, mit Weiß abgegrenzt, können oft unterschieden werden. Der in seltenen Fällen halbmeterhohe Stengel trägt an der Basis eine Rosette breiter Blätter. Der Blütenstand hat nur wenige, locker angeordnete Blüten, manchmal nur zwei oder eine. Die Pflanze blüht Ende Mai und im Juni, in Südeuropa etwas früher. Die schwach nach Veilchen duftenden Blüten sind typisch für die *Ophrys*, die von männlichen Einzelbienen der Gattung *Eucera* bestäubt werden. Manchmal sind jedoch die Männchen der Gattung *Tetralonia* beteiligt. Der flüchtige Stoff, der von ihrer Lippe ausgeht, wurde mit Hilfe der Gas-Chromatographie untersucht. Er wird von Fettsäurederivaten und Terpenen gebildet. Selbstbestäubung kann anscheinend vorkommen. Es scheint, als ob Arten innerhalb der Gattung die Fähigkeit zur Selbstbestäubung entwickelt und gleichzeitig die Anpassung an männliche Hautflügler bewahrt haben.

Die Hummel-Ragwurz findet sich meist auf kalkreichem Boden, offenem, auch steinigem und sandigem Grasgelände. Sie kann auch in lichten, hellen Nadelwäldern, offenem Buschgelände und an baumbestandenen Berghängen wachsen. Die Verbreitung umfaßt vor allem das Mittelmeergebiet und reicht im Norden nach Mitteldeutschland. Im Osten kommt sie bis Kleinasien und Syrien vor.

O. fuciflora ssp. fuciflora

ssp. apulica

ssp. pollinensis

2 Beispiele südeuropäischer Unterarten

Bienen-Ragwurz, *Ophrys apifera*

apifera: bienentragend

Die frischen Blüten dieser schöngefärbten und hübsch gemusterten Orchideen sind eine Augenweide. Die drei weißen oder blaß rosafarbenen bis reinvioletten, breiten, äußeren Blütenblätter kontrastieren gegen die dikke, sackförmige, rot- und samtbraune Lippe mit ihrem Muster aus hellen Rändern und Flecken. Die Lippe hat zwei konische, stark behaarte Seitenlappen und eine gelbliche, gebogene Spitze. Die inneren Kelchblätter sind klein und oft grünlich. Bei der Mehrzahl der *Ophrys*-Arten kommen viele Variationen in Farbe und Musterung vor. Die Blüte findet in Südeuropa im April bis Mai, in Mittel- und Nordeuropa im Juni bis Juli statt. Selbstbestäubung kann leicht vorkommen, da der Pollinienschaft sich zusammenzieht und die Pollinien herausschiebt, so daß sie frei hängen. Ein Windstoß kann sie mit der Narbe in Berührung bringen. Selbstbestäubung scheint vor allem in den nördlichen Teilen des Verbreitungsgebietes die Regel zu sein. Im Mittelmeerraum wird die Art von männlichen Einzelbienen der Gattung bestäubt.

Die oft hochgewachsene *Ophrys*-Art (bis zu einem Meter) hat an der Basis des Stengels eine Anzahl ziemlich breiter graugrüner Blätter, die überwintern. Man trifft die Pflanze auf ausgeprägten Kalkböden an, zumindest innerhalb der nördlichen Gebiete. Sie scheint auf offenen, relativ stark kulturveränderten Böden, an Wegen entlang, auf Weideland und schotterigem, sandigem Gelände zu gedeihen. Im Westen findet man sie auch auf Sanddünen. Sie taucht oft schnell auf, manchmal in großen Kolonien, um nach kurzer Zeit wieder zu verschwinden. Dieser Wechsel im Wachstum erschwert die Feststellung über die Häufigkeit dieser Orchidee. Die Bienen-Ragwurz ist im nordwestlichen Europa, in Deutschland und Irland, weniger häufig. Im Süden findet man sie in weiten Gebieten des Mittelmeerraumes, ostwärts ist sie bis Rumänien und den Kaukasus verbreitet.

Elfenstendel, Einknolle, *Herminium monorchis* (L.) R. Br.

hermis: Stütze, Bettfuß (Aussehen der Blütenähre);
monorchis: mit einem Hoden (Knolle)

Der Elfenstendel ist eine sehr „bewegliche" Orchidee. Ihre während des Jahres nahrungsspeichernde Knolle wächst nach der Blüte an der Knollenspitze zu einem Ausläufer aus. Die Pflanze kann sich deshalb gut unterirdisch fortbewegen. Der mit der Zweiblättrigen Kuckucksblume und der Mücken-Händelwurz nahe verwandte Elfenstendel ist manchmal nur ein paar Zentimeter hoch und ähnelt mehr einem Liliengewächs mit ihren schräg hervorstehenden, glockenartigen Blüten. Diese haben keinen Sporn, die zungenförmige, schmale, gespaltene Lippe unterscheidet sich nicht sehr von den übrigen Blütenblättern. Die gelbgrünen Blüten duften süßlich nach Honig oder Moschus. Irgendeinen „Honig" in Form freien Nektars gibt es in den Blüten nicht, dennoch werden sie von einer Vielzahl von Kleininsekten wie Hautflüglern, Käfern und Fliegen besucht und bestäubt. Das Insekt krabbelt in die Blüte und stößt mit den Vorderbeinen gegen die ungewöhnlich großen, sattelförmigen Klebescheiben. Die Pollinien werden befestigt und zu einer anderen Blüte mitgeführt, wo das Pollenpaket mit der ziemlich herausgezogenen Narbe in Kontakt kommt. Da der Pollen leicht auf die Narbe fällt, kommt es oft zur Selbstbestäubung. Es wird berichtet, daß die Selbstbestäubung bei bestimmten Wachstumsformen die Regel sein soll.

Fruchtstand

Die Einknolle gedeiht am besten auf kurz bewachsenen, feuchten Grasböden: auf Wiesen und Stränden, entlang Bächen und Quelläufen, in offenen Laubwiesen. Sie braucht Feuchtigkeit und Kalkboden. „Der Elfenstendel wuchs in großen Mengen mit seinen gelben, nach Moschus duftenden Blüten in tiefliegenden Wiesengründen und manchmal auf Äckern" berichtet Linné über seine Reise nach Schone. Da sie aufgrund ihres kleinen Wuchses und ihrer Farbe leicht mit der Umgebung verschmilzt, wird sie oft übersehen. Sie steht oft in Haufen. Verbreitet ist sie in den Alpen und im Alpenvorland, im Nordwesten fehlt sie. Sie blüht von Juli bis August. Das Verbreitungsgebiet umfaßt Europa und große Teile Asiens wie die Mongolei und Japan. In Zentralasien – dem Zentrum ihrer Verbreitung – und in Mitteleuropa findet man sie oft an hochgelegenen Stellen.

Literaturverzeichnis

Pflanzenführer und Exkursionsfloren

Aichele/Schwegler, Der KOSMOS-Pflanzenführer, Stuttgart 1978.

Aichele/Schwegler, Blumen der Alpen und der nordischen Länder, Stuttgart 1977.

Aichele, Was blüht denn da? Stuttgart 1977.

Oberdorfer, E., Pflanzensoziologische Exkursionsflora für Süddeutschland, Stuttgart 1970.

Schmeil/Fitschen, Flora von Deutschland und seinen angrenzenden Gebieten, Heidelberg 1976.

Orchideenliteratur

Bechtel, H., Exotische Orchideen, Stuttgart 1971.

Danesch, O., Danesch, E., Orchideen Europas, Bern/Stuttgart 1972.

Eberle, G., Die Orchideen der deutschen Heimat, Frankfurt a. M. 1968.

Kohlhaupt, P., Bunte Welt der Orchideen, Stuttgart 1974.

Richter, W., ... die schönsten aber sind Orchideen; Radebeul, Berlin, Melsungen 1968.

Monographien

Nelson, E., Monographie und Ikonographie der Orchideengattungen Serapias, Aceras, Loroglossum, Barlia; Chernex-Montreux 1968.

Füller, F., in „Die Neue Brehm-Bücherei", Ziemsen-Verlag, Wittenberg Lutherstadt; Frauenschuh und Riemenzunge, Ophrys, Epipactis und Spiranthes, Platanthera, Gymnadenia, Leucorchis, Aceras und Anacamptis, alpine und nordisch-alpine Orchideen, die Gattungen Orchis und Dactylorhiza.

Zeitschriften

Die Orchidee; Deutsche Orchideen-Gesellschaft, Frankfurt a. M.

The Orchid Digest; Corde Madera, California USA.

The Orchid Review; Surrey, England.

Register

Bücher für Orchideenfreunde

Exotische Orchideen

Tropische Schönheiten im Blumenfenster
120 Farbfotos
Helmut Bechtel
Immer mehr Blumenfreunde wenden sich der Pflege und Kultur tropischer Orchideen zu. Die bizarre Schönheit der Orchideenblüte fesselt jedermann.
Helmut Bechtel stellt häufig angebotene, einfach zu pflegende, aber auch »schwierige« Arten und Rassen in 120 Farbfotos vor. Knappe, informative Beschreibungen unterrichten über Herkunft und Pflege der bunten Tropenkinder.
71 Seiten, 120 Farbfotos, 118 Zeichnungen.

Bunte Welt der Orchideen

Die heimischen Orchideen in
120 Farbfotos
Paula Kohlhaupt
Edelsteine der Pflanzenwelt sind unsere heimischen Orchideen. Auf den ersten Blick oft unscheinbar, offenbaren sie erst bei genauerem Hinsehen ihre wahre Schönheit. Jeder Pflanzenfreund ist beglückt, wenn er Orchideen findet: Er wird die Standorte dieser seltenen Pflanzen bewahren, damit wir alle uns auch in Zukunft an ihnen erfreuen können. Die bekannte Pflanzen-Fotografin Paula Kohlhaupt beschreibt mit 120 Farbfotos die Orchideen des mittleren und südlichen Europas. Ausführliche Texte zu den Bildern helfen uns, die Orchideen unserer Heimat zu bestimmen.
72 Seiten, 120 Farbfotos, 1 Zeichnung.

Bunte Welt der Kakteen

120 Kakteen und andere sukkulente Pflanzen in Farbe
Helmut Bechtel
Immer mehr Pflanzenfreunde pflegen Kakteen, denn viele dieser sukkulenten Pflanzen gedeihen in unseren zentralbeheizten Wohnungen besser als andere Zimmerpflanzen. Dazu schmücken sich viele Arten willig mit prächtigen Blüten, die denen anderer Zimmerblumen an Schönheit nicht nachstehen. Aber auch ohne Blüten wirken sie wegen ihrer oft bizarren Gestalten sehr dekorativ.
Helmut Bechtel stellt 120 Kakteen und andere Sukkulenten in ausgesucht schönen Farbfotos vor. Er beschreibt ihre Ansprüche und gibt Pflegeanleitungen. Hinweise zur Überwinterung, zur Wahl des Standortes, zur Verhinderung von Krankheiten, Tips zur Vermehrung helfen dem Pflanzenfreund, auch schwierige Arten richtig zu pflegen.
71 Seiten, 120 Farbfotos.

In Ihrer Buchhandlung.
Bitte fordern Sie die Informationsschrift P 018 an.

Kosmos-Verlag, Postfach 640, 7000 Stuttgart 1.

Kosmos Naturführer

Der Kosmos-Pflanzenführer

Aichele/Schwegler

Der neue Naturführer des bewährten Autorenteams Aichele/Schwegler hilft uns, die häufigen und auffälligen Gewächse aus allen Pflanzengruppen (Blütenpflanzen, Farne, Moose, Flechten, Pilze und Algen) kennenzulernen, wobei – selbstverständlich – die Blütenpflanzen den größten Raum einnehmen. Hervorragende Farbzeichnungen von Marianne Golte-Bechtle, Sigrid Haag und Gabriele Gossner zeigen Gestalt und wichtige Merkmale der dargestellten Arten, ein eigens für dieses Werk entworfener graphischer Bestimmungsschlüssel führt rasch zur Identifizierung einer gesuchten Art.
389 Seiten, 407 Zeichnungen, 653 Farbabbildungen.

Blumen der Alpen und der nordischen Länder

Aichele/Schwegler

Für den Naturfreund hat dieser Pflanzenführer für beide Gebiete entscheidende Vorteile: Er findet die Pflanzenwelt der Alpen beschrieben und abgebildet, und er kann dasselbe Buch auch auf einer Nordlandreise benützen.
Fast 700 ausgesuchte Farbfotos zeigen die schönsten und bemerkenswertesten Pflanzen der Alpen und der nordischen Länder, klare Texte helfen, die Arten zu bestimmen.
388 Seiten, 690 Farbfotos, 103 Zeichnungen.

Was blüht denn da?

Dietmar Aichele

Wildwachsende Blütenpflanzen Mitteleuropas

Mit diesem Buch wurde vor Jahrzehnten das Leitbild der Kosmos-Naturführer geschaffen. Es fand rund eine halbe Million zufriedener Käufer. Jetzt liegt der Band in ganz neuer Form vor: Alle Pflanzen wurden in jahrelanger Kleinarbeit von Marianne Golte-Bechtle naturgetreu farbig gemalt. Die Gliederung nach Farbe, Blütenform, Standort und Blütezeit ermöglicht die zuverlässige Bestimmung der Arten.
400 Seiten, 1200 farbige Zeichnungen, 160 SW-Zeichnungen.

Welche Heilpflanze ist das?

B. Schönfelder/W. F. Fischer

Wie viele Pflanzen Krankheiten lindern oder sogar heilen können, wird die meisten Menschen in Erstaunen versetzen. Dieser Naturführer nennt alle bei uns vorkommenden Arten, ihre Erkennungsmerkmale, Sammelzeit, Wirkstoffe und Eigenarten.
208 Seiten, 388 Zeichnungen, 113 Farbfotos.

In Ihrer Buchhandlung.
Bitte fordern Sie die Informationsschrift P 018 an.

Kosmos-Verlag, Postfach 640, 7000 Stuttgart 1.